はじめての Linux

これだけは知っておきたい

LinuxOS とアプリケーションの基礎知識

小林真也 [監修]

宇戸寿幸・黒田久泰
遠藤慶一・藤橋卓也 [共著]

森北出版

まえがき

　UNIX，あるいは UNIX 系と呼ばれるオペレーティングシステム（以下，両方を合わせて「UNIX 系 OS」とよびます）は，今日では，大型計算機からパーソナルコンピュータはもちろん，スマートフォンやスマートウォッチ，さらには，情報家電や IoT 機器にまで利用されています．そのため，情報系エンジニアにとって UNIX を避けて通ることは，不可能と言っても過言ではありません．

　また，UNIX 系 OS の 1 つである，Linux の名前を聞いたことがある人は多いのではないでしょうか．Linux は，無料で利用できる UNIX 系 OS として，広く利用されています．現在，UNIX という呼称は，業界団体である「The Open Group」の認証を受けたオペレーティングシステムのみが名乗ることができます．一方，Linux は，UNIX と互換性のある無料のオペレーティングシステムを実現しようという取り組みから生み出されました．そのため，認証を受けるためのコストを避け，実質的に UNIX に対する高い互換性を確保しています．

　Linux は，UNIX を学ぼうとする人たちにとっては，自分の PC に無料でインストールして演習できるオペレーティングシステムとして，最適な選択肢の 1 つといえます．

　また，Linux 上でも，これまでの歴史の中で UNIX 上で開発され，利用されてきたさまざまなツールを利用できます．

　本書では，情報系エンジニアや研究者を目指す人たちが，UNIX 系 OS を使いこなし，さらには，プログラムの開発，また技術資料や論文の執筆の際に利用できるアプリケーションなどのソフトウェアを活用できるようになるための解説をしています．

　皆さんもこの本で Linux を学び，UNIX 系 OS を使いこなせる技術者・研究者を目指してください．

2020 年 2 月

小林 真也

目　次

凡　例

▪ コマンドの書式

```
mv ［オプション］ 移動元ファイル 1 ［移動元ファイル 2］ ... 移動先ディレクトリ
```

　［オプション］ 移動元ファイル 1 ［移動元ファイル 2］ ... 移動先ディレクトリ の
ように水色のアミがかかっている部分は，行いたい操作や内容に応じて，ユーザが指定
する部分です．［オプション］のように，［ ］で囲まれている部分は，行いたい操作等
によって，記述する必要の「ある」，「なし」が決まります．また，［移動元ファイル 2］
...のように，'...'が書かれている場合には，行いたい操作等に応じて，複数入力す
ることを表しています．

▪ コマンドの実行例

-a オプション

```
$ ls -a /
.  ..  .autorelabel bin boot etc   ← 隠しファイルも含めて表示
```

　'**ls -a /**'のような太字の部分が，ユーザが行う操作（キーボードからの入力）の
例です．そうでない部分は，コンピュータからの表示（の例）です．キーボードからの
文字の入力の最後には，Enter や Return と書かれているキーを押してください．
また，青字で書かれている部分は補足で，実際の実行画面には表示されません．

▪ プログラム等の形式

　プログラムや設定ファイルは，以下の形式で示します．水色の枠の左側の数字は行
数を示すためのもので，実際のプログラム中には記述しません．

```
1  class ViewController: UViewController {
2      override func viewDidLoad() {
3          print("Hello World!");
4          super.viewDidLoad()
5      }
```

1

基本操作

　UNIX は長年に渡り広く使われている**オペレーティングシステム**（略して 'OS' とよ
ばれたり，「基本ソフトウェア」ともよばれたりします）の 1 つです．UNIX も含めて，
UNIX からの派生 OS や UNIX を模して作られた OS を総称して，「**UNIX 系 OS**」とよ
びます．UNIX 系 OS は，安定性が高く，ネットワーク機能が優れ，セキュリティ強度
が比較的高いという特徴をもっており，情報分野の研究者や技術者に人気の高い OS
として使われてきました．今日では，大型計算機やネットワークサーバの OS として
も多用されており，オノィ人業務用や，オンラインショッピング，フィンテック，製造
現場，インフラの運用管理など，さまざまな産業や社会システムの現場のコンピュー
タシステムでも幅広く使われています．また，TV，Blu-ray レコーダーなどの家電機
器をはじめ，スマートフォンなどの小型の機器や IoT 機器にも，UNIX 系 OS が使わ
れています．とくに，無料で公開され利用できる Linux は，個人的な利用のみならず，
商用にも利用されています．

　これらの完成された製品・機器・サービスを利用するだけなら UNIX 系 OS を使い
こなす必要はありませんが，ソフトウェア開発やシステム構築，また，それらの運用
管理といった取り組みや業務を行うためには，UNIX 系 OS を使いこなす必要があり
ます．

　本章では，Linux を対象に，UNIX 系 OS の「使い始め」に必要な内容を紹介します．
いわば，さまざまな知的な楽しさで溢れているアミューズメントパーク「UNIX ワール
ド」への入り口です．

1.1　UNIX

▪ UNIX 開発の歴史

　1969 年に，アメリカの AT&T ベル研究所の研究者が，ミニコンピュータ上で動く
OS として開発を始めたのが UNIX でした．この UNIX は最初はアセンブリ言語（コ
ンピュータが理解できる機械語と対応する命令をもつ，プログラミング言語の一種で

す）で書かれていましたが，1972 年に **C 言語**によって書き直されました．ベル研究所が大学や研究機関にほとんど無償で UNIX とそのソースコードも含めて配布し，また UNIX が使いやすく設計されていたため，アメリカの大学や研究機関の多くで使われるようになりました．

1977 年には，カリフォルニア大学バークレー校のコンピューター・システムズ・リサーチ・グループが，ベル研究所が公開していた UNIX のソースコードをベースに，UNIX系 OS やソフトウェア群を開発し，バークレー版（Berkeley Software Distribution,略して **BSD**）として配布しました．'BSD UNIX' とよばれるこの UNIX は，大学や研究機関で使われるようになりました．

その後，この BSD UNIX を基盤としてオープンソースの FreeBSD や NetBSD などが開発され，ほかにも，BSD からの派生版としてアップル社の **macOS**[†1] や，さらには，macOS からは，iPhone の OS である **iOS** が派生してきました．

▪ Linux

1991 年にヘルシンキ大学の学生であった L. Torvalds が，自宅の PC で動作可能なUNIX 系カーネル（OS の中核となるソフトウェア）を開発し始めました．このソフトウェアは開発段階で **Linux**（リナックス）と名付けられ，ネット経由で世界中に公開されました．

Linux の公開後，誰もが無料で使用でき，改変や再配布が可能な**オープンソースソフトウェア**であるという特徴から，Linux の改良に協力するボランティアが現れました．ボランティアによって Linux の開発が進行し，機能の強化や安定性の向上が図られ，さらに，多くのユーザに配布され，実用的かつフリーな UNIX 系 OS へと発展を遂げました．スマートフォンやタブレットの OS として使用されている **Android** も，Linux をベースとして作られています．

OS として動作するには，カーネルだけでなくカーネルをサポートするアプリケーションソフトウェア群が必要となり，これらのソフトウェアをまとめた（パッケージ化した）ものを**ディストリビューション**とよびます．Linux の代表的なディストリビューションには，大規模サーバとして利用される **RedHat**（Red Hat Enterprise Linux やRHEL ともよばれます），RedHat が検証用途に支援している **Fedora**，世界中の有志の開発者によって作り上げられた **Debian**，RedHat の商用部分を取り除いた無償版であり，比較的安定といわれる **CentOS**, Debian をベースとして初心者にも使いやすいように作られた **Ubuntu** などがあります．

これらの Linux ディストリビューションは，RedHat や CentOS, Fedora が含まれ

---

†1　正確には，macOS X 以降の macOS です．また，macOS は，Steve Jobs が一時 Apple 社を離れていたときにかかわった NeXT コンピュータの OS である，NeXTSTEP の流れを汲んでいます．

る RedHat 系と Debian や Ubuntu が含まれる Debian 系に大別されます．本書では，CentOS と Ubuntu を対象に解説をします．

しかし，いずれの Linux ディストリビューションも，基本的な機能に大差はないので，学習目的はもちろん，個人的な使用においては，好みに応じたディストリビューションを選択するとよいでしょう．

▪ 仮想環境

Windows や macOS などの PC で簡単に Linux を体験する方法として，コンピュータ上にソフトウェアによって仮想的に構築したコンピュータ（**仮想マシン**）を利用する**仮想環境**があります†1.

具体的には，普段使っている PC に仮想化ソフトウェアをインストールして，PC の**ホスト OS**（Windows や macOS）上で Linux などの**ゲスト OS** を動かします．この仮想環境のメリットは，導入や削除が簡単であり，現在使っている OS やアプリケーションソフトに対して，大きな影響を与えずに Linux を使えることです．影響としては，CPU への負荷やメモリの使用量が増えることくらいでしょうか．

また，ゲスト OS は，ホスト OS 上ではファイルの 1 つとして管理されるので，ほかのコンピュータに移し替えることも比較的容易に行えます．このことから，仮想環境を実現し，利用する技術は，クラウドコンピュータの基盤技術の 1 つにもなっています．

PC で利用できる代表的な仮想化ソフトウェアとして，**VirtualBox** (Oracle VM VirtualBox) や **VMware** (VMware Workstation Player), Parallels Desktop があり，有償のものや，非営利目的であれば無償で利用できるものもあります．

仮想環境を利用するには，まず，ホスト OS 上で仮想化ソフトウェアをインストールしたあと，仮想化ソフトウェアを起動して仮想マシンを作成します．次に，ゲスト OS となる Linux の**イメージファイル**（ISO ファイル）をダウンロードして，仮想マシンに Linux をインストールします．

無償で公開されている仮想化ソフトウェアは，公開配布している Web ページから入手できます．また，Linux を仮想化したイメージファイルも公開配布されているものがありますから，こちらも Web ページから入手できます．

---

†1　macOS は UNIX なので，macOS の場合，単に UNIX を使いたいのであれば，とくに Linux に限定して使いたいという場合を除いて，macOS そのものを使えば十分です．

　GUI と CUI

▪ GUI

　Windows や macOS などが使える PC では，入力装置として，キーボードのほかに，デスクトップ PC の場合にはマウスが，また，ノートブック PC の場合にはトラックパッドが用意されています．また，ディスプレイ上では，アプリケーションソフトごとに「窓」や「ウィンドウ」とよばれる矩形の枠が現れます．そして，マウスやトラックパッドでの操作に応じて，矢印形のカーソルを自由に動かして，さまざまなボタンの上で，クリックやダブルクリック，また，ドラッグといった操作ができます．

　このような，操作性をもったインタフェースを **GUI** (Graphical User Interface) とよびます（**図 1.1**）．GUI の特徴は，なんといってもカラフルで，写真や絵を高精細に表示できる画面と，直感的に操作できるマウスやトラックパッドでの操作性でしょう．タブレット型コンピュータやスマートフォンのタッチパネルを用いたインタフェースも，GUI の一種といえます．コンピュータの歴史上では，GUI は比較的新しい操作環境といえます．また，アプリケーションなどの各プロセスに個別のウィンドウが対応していることから，GUI が利用できる利用環境は，**ウィンドウ環境**とよばれます．

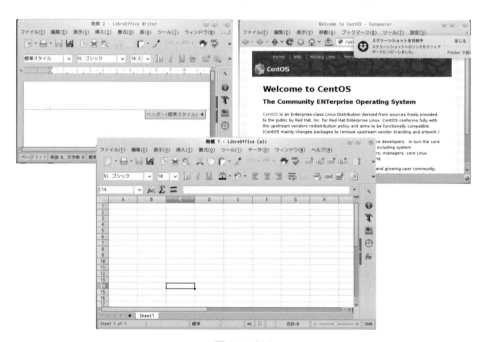

図 1.1　GUI

■ X Window System

X Window System は，UNIX 用のウィンドウ環境として開発された，UNIX 系 OS の標準的なウィンドウ環境です．

X Window System では，メニュー・ウィンドウの表示や，操作性の変更が容易に行えるように設計されています．ウィンドウの表示方法や操作性などの規定のことを，**デスクトップ環境**といいます．デスクトップ環境を変えることで，見た目や操作性を変えられることも，X Windows System が多くの利用者に好まれ，実質的に UNIX の標準ウィンドウ環境になった理由の 1 つです．UNIX のデスクトップ環境は数多く存在しますが，広く使われているデスクトップ環境として，KDE や GNOME があります．

この書籍で例示として使っている Linux の CentOS と Ubuntu も，X Window System を標準のウィンドウ環境としています．

ウィンドウ環境では，文字どおりウィンドウが操作の基盤となり，ウインドウを管理するためのプログラム（ウィンドウマネージャ）によってその動作が異なります．このウィンドウマネージャには KDE の KWin や GNOME の Mutter などがありますが，歴史のある基本的なウィンドウマネージャとして，twm があります．図 1.2 に，twm で制御されているウィンドウをいくつか示します．twm の使い方は説明が不要なくらいにシンプルなので，簡単にまとめて記述しておきます．

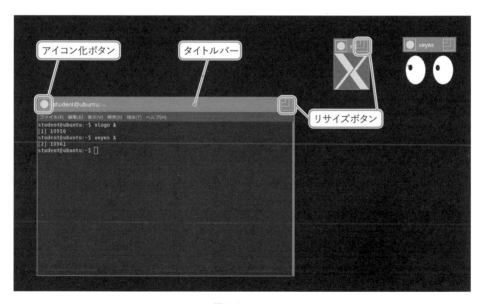

図 1.2 twm

　ウィンドウを移動させるには，ウィンドウ上部のタイトルバーをドラッグします．つまり，タイトルバーの上でマウスボタンを押し，ボタンを押したままでマウスカーソルを移動させ，移動先でボタンを離します．

　ウィンドウ上部のタイトルバー内の左側にある [●]（アイコン化ボタン）をクリックすると，ウィンドウが小さなアイコンに変わります．アイコンも，ウィンドウと同様にドラッグで移動できます．また，アイコンをダブルクリックすれば，ウィンドウ表示の状態に戻ります．

　ウィンドウ上部のタイトルバー内の右側にある四角形のボタン（リサイズボタン）をウィンドウの外側に向かってドラッグすると，後は拡大と縮小の両方が可能です．マウスの動きに合わせて枠線が表示されるので，希望する大きさになったところでマウスボタンを離します．

　ウィンドウ上部のタイトルバーをクリックすると，そのウィンドウを最前面に表示できます．ウィンドウが重なっている場合には，見たいウィンドウのタイトルバーをクリックするとよいでしょう．

　最後に，ウィンドウマネージャ twm の終了方法を紹介します．マウスカーソルがウィンドウ以外の背景にある状況でマウスボタンをクリックするとメニューが表示され，ボタンを押したままカーソルを [exit] まで移動させてボタンを離すと，ウィンドウマネージャ twm を終了できます．

▪ CUI

　GUI の登場以前に一般的であったのは，出力装置として行単位の文字列のみが表示されるディスプレイと，入力装置としてキーボードのみが使われる，**CUI** (Character User Interface) です（**図 1.3**）．

図 1.3　CUI

今日では，Windows や macOS など，専門的な技術を必要としない PC のインタフェースとして CUI が用いられることはなく，GUI が一般化しているので，CUI を見たこともないという人も多くいることでしょう．

一方で，プログラミングを行う，サーバの管理・運用を行うといった業務には，CUI での操作も必要となります．

本書では，CUI での操作のために必要なコマンドについても解説しています．とくに，2.1 節には，CUI での基本中の基本といってもよいコマンドをいくつかとりあげています．これらのコマンドを自由に使えるようになることが，UNIX 系 OS でプログラムを開発したり，サーバの管理・運用を行ったりできるようになるための第一歩です．

最初は難しく感じるかもしれませんが，実際にコンピュータで操作をしながら，学んでいきましょう．

1.3 ログイン，ログアウト，シャットダウン

PC にインストールした OS を開始するにはログイン操作を求められ，OS を終了するにはログアウト操作が必要になります．Windows や macOS と同じく，UNIX でもログインすることにより，OS の利用を開始することができます．また，ログインすると，ユーザ個別の環境が用意され，個別のディレクトリやファイルにアクセスできます．

UNIX を利用するには，**ID** と**パスワード**を入力して**ログイン**しなければなりません．登録された ID とパスワードを照合すること（ユーザ認証）により，UNIX は使用を許可されたユーザであるかを判断します．学校や職場に用意されたコンピュータを利用する場合には，ユーザ登録などの手続きを経て，管理者から渡される ID とパスワード[†1] を使うことになります．自分で Linux 環境をインストールした場合は，インストール時に設定した ID とパスワードを使うことになります．

また，UNIX の利用を終えたときには，**ログアウト**をします．ログアウトを忘れて PC から離れると，他人が勝手に使って重要なファイルを覗き見されたり，ファイルを削除されたりするおそれがあります．また，自分の名前をかたってメールを送られたり，オンラインショッピングで注文を出されたりする危険性もあります．PC から

[†1] 利用開始時に渡されるパスワードを「初期パスワード」といいます．セキュリティ上の必要性から，1.4.4 項のパスワードの変更方法を参考に，初期パスワードから早めに変更する必要があります．

離れるときには，必ずログアウトしましょう．

　シャットダウンは，コンピュータの電源を切れる状態にすることです．コンピュータによっては，シャットダウンを実行すると，最後に自動的に電源を切るものもあります．シャットダウンは，「root」や「root ユーザ」とよばれる管理者のみが実行できます．

　そのため，学校のコンピュータなど，自分が管理者ではない場合には，シャットダウンを行うことはできません．

　以下の説明では，自宅の PC に Linux をインストールした場合など，自分が管理者である人のために，シャットダウンの方法を説明します．

1.3.1 │ Linux CentOS でのログインとログアウト

▪ **ログイン**

　図 1.4 は，Linux CentOS のログイン画面です．OS のバージョンが異なると，この図と異なる画面となっていると思いますが，操作方法はほとんど変わらないので，気にしなくてもかまいません．

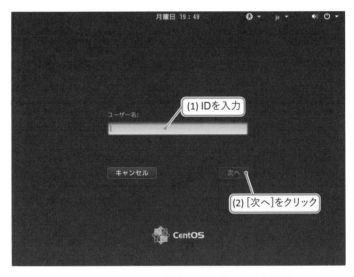

図 1.4　CentOS のログイン画面（ID の入力画面）

　[ユーザー名:] と表示されているところのすぐ下にある白抜きの矩形部分に，ID を入力しましょう．その後，下にある [次へ] をクリックします．そうすると，今度は，パスワードの入力を求める**図 1.5** の画面が現れます．

　今度はパスワードを入力し，[サインイン] をクリックすると，ログイン完了です．

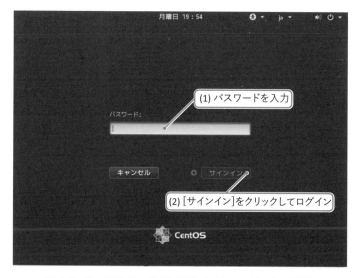

図 1.5 CentOS のログイン画面（パスワードの入力画面）

▪ ログアウト

ログアウトをするには，図 1.6 に示すように，まずはじめに画面下部のメニューバーの一番左にあるアイコンをクリックして，メニューを表示します．

表示されたメニューの下部に，いくつかのタブが現れるので，[終了] タブまで，カー

図 1.6 CentOS のログアウト

ソルを動かします.

　[終了] タブの中に, [ログアウト] と書かれたメニュー項目があります. カーソルをこのメニュー項目まで移動してクリックすると, ログアウトまでのカウントダウンが始まります.

　カウントダウン中に, 画面中央にメニューが表示されます. このメニューで, ログアウト処理の中止や, カウントダウン完了を待たずにログアウトさせることもできます.

▪ **シャットダウン**

　ログアウトのときと同様に, 画面下部のメニューバーの一番左にあるアイコンをクリックしてメニューを表示し, [終了] タブまでカーソルを動かします.

　[終了] タブの中に, [シャットダウン] と書かれたメニュー項目があります. カーソルをこのメニュー項目まで移動してクリックすると, シャットダウンまでのカウントダウンが始まります.

　カウントダウン中に画面中央に, メニューが表示されます. このメニューで, シャットダウン処理の中止や, カウントダウン完了を待たずにシャットダウンさせることもできます.

1.3.2 │ Linux Ubuntu でのログインとログアウト

▪ **ログイン**

　図 1.7 は, Linux Ubuntu のログイン画面です. OS のバージョンが異なると, この図と異なる画面になっていると思いますが, 操作方法はほとんど同じなので, 気にしなくてもかまいません.

　ログインできるユーザのリストが表示されているので, リストをスクロールして, ログインしたいユーザを選びます.

　その後, ユーザ名の下にある, ‘**Password**’ と少し薄い文字が見える枠の中に, パスワードを入力します. パスワードをタイプしたら, 最後に Enter キーを押しましょう. これでログイン完了です.

▪ **ログアウト**

　ログアウトをするには, スクリーンの右上部にある歯車のような形をしたアイコンをクリックし, メニューを表示します (**図 1.8**).

　メニューの中に, [**Log Out...**] と書かれたメニュー項目があるので, これをクリックするとログアウトできます.

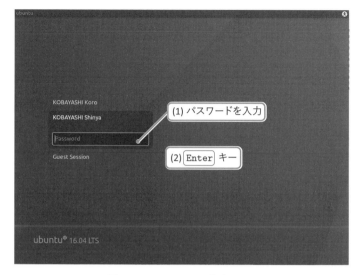

図 1.7　Ubuntu のログイン画面

図 1.8　Ubuntu のログアウト

■ シャットダウン

　ログアウトのときと同様に，スクリーンの右上部にある歯車のような形をしたアイコンをクリックし，メニューを表示します．

　メニューの中に，[Shut Down...] と書かれたメニュー項目があるので，これをクリックするとシャットダウンできます．

1.4　ウィンドウ環境での CUI 利用

今日では，多くの UNIX の利用環境で，GUI が標準的なユーザインタフェースとなっていますが，プログラム開発やシステム管理を行うための CUI を，ウィンドウ環境のウィンドウの 1 つとして利用することができます．

ウィンドウ環境で CUI を利用するためのソフトウェアを，**ターミナル（ソフト）**や**コンソール（ソフト）**とよびます．以下で，CentOS, Ubuntu のターミナルソフトの使い方を説明します．

1.4.1　Linux CentOS のターミナル

Linux CentOS のウィンドウ環境で，ターミナルソフトの 1 つである，XTerm を使用する方法を説明します．

スクリーン左下にあるアイコンをクリックしてメニューを表示し，[アプリケーション] タブをクリックします（**図 1.9**）．

図 1.9　CentOS XTerm (1)　　　　図 1.10　CentOS XTerm (2)

[アプリケーション] タブで表示されるメニューの中に [システム] と書かれた項目があるので，カーソルをそこまで移動させてクリックします．そうすると，メニューが切り替わります（**図 1.10**）．

切り替わったあとのメニューの中の，[Terminal] と書かれた項目をクリックすると，XTerm が起動します．**図 1.11** は，Xterm を起動している状況で，ユーザからのコマンドの入力待っている状態です．コマンドを入力する箇所を**コマンドライン**とよ

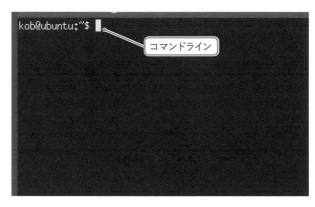

図 1.11　XTerm

び，ここにコマンドを入力し，[Enter] キーを押して実行することで，CUI を通して，さまざまな操作をコンピュータに行わせることができます．

　XTerm を終了するには，exit コマンドを入力し，[Enter] で実行します．

1.4.2 | Linux Ubuntu のターミナル

　Linux Ubuntu のウィンドウ環境には，複数のターミナルソフトが用意されています[†1]．

　Ubuntu でターミナルソフトを利用するための手順を説明しましょう．

　図 1.12 のように，スクリーンの左側にいくつかのアイコンが並んでいます．この中の一番上にあるアイコンをクリックします．

　そうすると，アイコンの右側に，文字を入力できる枠が出てきます．この枠の中に，'term' と入力してください．そうすると，**図 1.13** のように，3 つのターミナルソフトが現れます．

　これら 3 つのターミナルソフトは，細かなところでは違いがありますが，基本的な機能は違いがありません．この書籍の内容を学ぶうえでは差はないので，それぞれを使ってみて，気に入ったものが出てくれば，それに絞って利用すればよいでしょう．

　ターミナルソフトのアイコンをクリックすると，**図 1.14** のような入力待ちのターミナルが起動します（ここでは XTerm を選択しています）．図は，ユーザからのコマンドの入力を待っている状態です．コマンドを入力する箇所を**コマンドライン**とよび，ここにコマンドを入力し，[Enter] キーを押して実行することで，CUI を通してさまざまな操作をコンピュータに行わせることができます．

---

　†1　インストールの状況によっては，その一部が利用できない場合もあります．

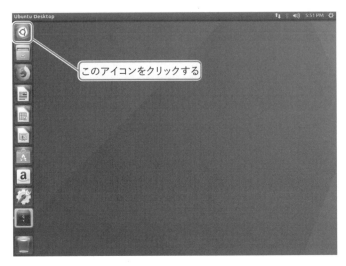

図 1.12　Ubuntu ターミナルソフト (1)

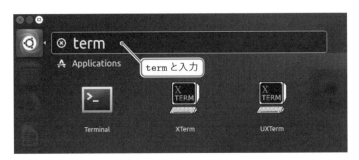

図 1.13　Ubuntu ターミナルソフト (2)

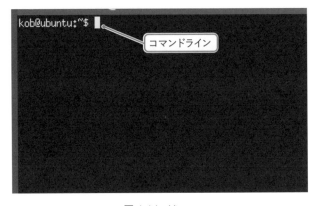

図 1.14　Xterm

ターミナルソフトの終了は，exit コマンドを入力し，Enter キーで実行します．

1.4.3 │ CUI でのログインとログアウト

今日では，CUI でのログイン，ログアウトをすることは，一般ユーザの場合ほとんどないでしょう．

しかし，管理者として作業をする場合には，CUI でのログインや，ログアウトをしなければならない場面があります．

ここでは，CUI でのログイン，ログアウトの方法をとりあげます．

▪ **ログイン**

以下は，CentOS の利用開始時に画面上に出されるメッセージの例です．

CUI でのログイン (1)

```
CentOS Linux 7 (Core)
Kernel 4.6.3-1.el7.elrepo.x86_64 on an x86_64
centos login: ← ここで ID を入力
```

'Kernel 4.6.3-1.el7.elrepo.x86_64' は，使用している**カーネル**のバージョンを示しており，'centos' は使用しているコンピュータの名前です．これら 2 ケ所は使用環境に応じて変化するので，自らの表示画面と一致していなくても問題ありません（たとえば，Ubuntu では，'Ubuntu 16.04.1 LTS (GNU/Linux 4.10.0-42-generic x86_64)' と表示されます）．

OS のバージョンやディストリビューションの違いによって表示されるメッセージは異なりますが，基本的には違いがありません．

また，上の例では，'login:' と表示されています．これは，ユーザ ID の入力を促すメッセージです．OS のバージョンやディストリビューションが異なっても，CUI のログイン画面では同様の表示が出ているはずです．

登録された ID（この例では 'student'）とパスワードを正しく入力すると，**シェル**（OS の中核であるカーネルとの橋渡し役を担うソフトウェア）が入力を待っている状態を表す記号 '$' が表示されます．この記号のことを，**プロンプト**とよびます．

CUI でのログイン (2)

```
centos login: student
Password:    パスワード ← 文字は表示されない
$ ← プロンプト
```

プロンプトには，$ の左側に ID とコンピュータ名が表示される場合もありますが，コマンドの実行に影響をもたらすことはありません．これらの表示は，設定によって

変更できます.

▪ ログアウト

ログアウトしたいときには,以下のように,exit コマンドを使用します.

CUI でのログアウト

```
$ exit
```

なお,exit を入力する前や,exit の動作をしている間に電源を切ったり,リセットボタンを押したりしてはいけません(仮想環境で利用している場合も同様です).コンピュータのハードウェアやソフトウェアに対して重大なトラブルを招く危険性があります.

1.4.4 | パスワード

パスワードは,ユーザ認証のための重要な情報です.いわば,「鍵」といえます.そのため,パスワードの作成や管理には,十分配慮しなければなりません.

独立行政法人情報処理推進機構 (IPA) では,パスワードに関して以下のうち 1 項目でも該当する場合には,パスワードを見直すように勧めています.

- ID とパスワードが同じである
- パスワードに,自分の名前,電話番号,誕生日をそのまま使っている
- パスワードに,'1234' や '1111','abcd' などの単純な羅列を使っている
- パスワードに,辞書にある単語をそのまま使っている
- さまざまなサービスで同じパスワードを使用している(SNS,ネットショップなど).
- 他人に一度でもパスワードを教えたことがある

パスワード作成のポイントは,自分にとっては覚えやすく,ほかの人に推測されにくいものにすることです.安全なパスワードの作成,利用に対して,以下の項目のすべてを満たすことが勧められています.

- 最低でも 8 文字以上の文字数で構成されている
- パスワードの中に,数字や@,%,"などの記号も混ぜている
- パスワード内のアルファベットに大文字と小文字の両方を入れている
- サービスごとに違うパスワードを設定している

安全なパスワードの作り方や管理については,参考文献[1] などが参考になるでしょう.

CUI でパスワードを変更するには，passwd コマンドを使用します[†1]．

パスワードの変更

```
$ passwd
Changing password for user student
(current) UNIX password:    パスワード  ← 現在のパスワードを入力（表示されない）
New password: パスワード  ← 新しいパスワードを入力（表示されない）
Retype new password: パスワード  ← 新しいパスワードを入力（表示されない）
passwd: all authentication token updated successfully.
```

実 習　**1-1** 利用可能な Linux ディストリビューションで，ログイン・ログアウトをしてみよう．

　　　　1-2 Linux にログインして，パスワードを変更後にログアウトをし，その後，新たなパスワードでログインできることを確認しよう．また，わざと間違ったユーザ名やパスワードでログインを試して，そのときにどのようなメッセージが表示されるか確認しよう．

1.5 ファイルとディレクトリ

　プログラムやデータは，**ファイル**としてハードディスクなどの記憶装置に保存されています．また，このファイルを管理する仕組みを**ファイルシステム**とよびます．UNIX 系 OS でも，ファイルシステムでファイルが管理されています．ファイルや，複数のファイルをまとめて管理するための入れ物にあたる**ディレクトリ**についての知識や操作が，UNIX 系 OS を使いこなすために重要となります．

1.5.1 ファイル

　UNIX 系 OS では，ユーザが個人的あるいは意図的に作成・保存したデータだけでなく，環境設定や動作設定などを記したデータもファイルとして保存されています．このファイルには名前（**ファイル名**）を付ける必要があります．ファイル名には条件や慣例があります．ファイル名は，長さが 1 文字以上 255 文字以下の文字列でなければなりません．ファイル名では，アルファベットの大文字と小文字や，日本語のひらがなとカタカナは，異なる文字として扱われます．

　慣例として，日本語や特殊文字（アンダースコア (_) を除く）はファイル名に使わないほうがよいとされています．その理由の 1 つとしては，これらの文字を用いると，

---

†1　root ユーザは，'passwd student' のように，passwd コマンドに続いて空白と第 1 引数に相当するユーザ ID を入力することで，ほかのユーザのパスワードも変更できます．

OSやソフトウェアによっては文字化けや解釈誤りの原因となる可能性があるためです．ファイル名には，アルファベットと数字，アンダースコアを組み合わせて付けるのがよいでしょう．

1.5.2 | ディレクトリ

UNIX系OSでは，非常に多くのファイルが必要です．そのため，それらのファイルを1つの入れ物の中で管理すると，目的とするファイルを見つけ出すのが大変であったり，また，同じ名前で異なるファイルを管理することもできません．そのために，ファイルの役割や用途に応じてファイルを分類して管理するための入れ物として，ディレクトリがあります．ディレクトリには，ファイルだけでなくディレクトリも入れることができます．

あるディレクトリAの中にある別のディレクトリBを，（Aの）**サブディレクトリ**や**子ディレクトリ**とよびます．また，ディレクトリAを，（Bの）**親ディレクトリ**とよびます．

異なるディレクトリであれば，それぞれの中に，同じ名前で異なるファイルやディレクトリを置くことができます．たとえば，rikaという名前のディレクトリの中にtestという名称のファイルを置き，sansuという名前のディレクトリの中に，rikaの中に入っているものとは別のファイルで，名前を同じくtestとしたものを置くことができます．

UNIX系OSでは，**図1.15**に示すように，ファイルやディレクトリは，いわゆる木構造とよばれる構造で管理されています[†1]．ファイルやディレクトリを管理するこの構造のことを，**ディレクトリ構造**とよびます．

ディレクトリ構造において，「根っこ」にあたるディレクトリのことを，**ルートディレクトリ**といいます．ルートディレクトリの場所は，'/'で表されます（ディレクトリの場所のことを，**パス**とよびます）．

ディレクトリ構造で，特定のファイルやディレクトリを指定する方法に，**絶対パス指定**と**相対パス指定**があります．

たとえば，図1.15では，ルートディレクトリの中にhomeディレクトリがあり，そのhomeの中にstudentディレクトリがあり，そのstudentの中にsample_directoryディレクトリがあり，さらに，sample_directoryの中にsample_file.txtファイルがあります．このときに，このファイルを特定する表記として，'/home/student/

---

†1　通常の木は，根っこが下で幹が上に向かって伸びていき，枝分かれして葉っぱが先にありますが，木構造では，下向きに枝分かれしていく形で書かれることがほとんどです．

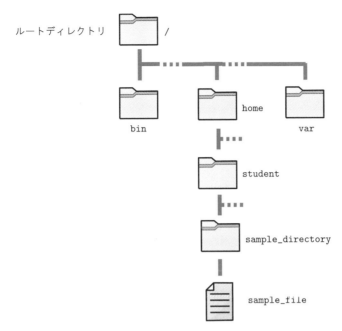

図 1.15　ファイルとディレクトリ

sample_directory/sample_file.txt' と表します．この表記の仕方を，**絶対パス指定**といいます．絶対パス指定では，/ を最初に書き，その後，ルートディレクトリに含まれるディレクトリから順に，/ で区切りながら書き並べていきます．

　図 1.16 は絶対パス指定の例を示しています．ファイルやディレクトリの名前の下に青字で書かれた文字列が絶対パスです．

　一方，現在作業中のディレクトリを基準に，そこからの位置を順に書き並べることで，ファイルやディレクトリを指定する方法があります．これを，**相対パス指定**といいます．

　相対パス指定では，現在作業を行っているディレクトリを基準としてファイルやディレクトリを指定します．この現在作業を行っているディレクトリのことを，**カレントディレクトリ**，または，**ワーキングディレクトリ**とよびます．

　カレントディレクトリが /home/student であるとすると，絶対パス指定で '/home/student/sample_directory/sample_file.txt' と指定されるファイルは，相対パス指定では 'sample_directory/sample_file.txt' と表されます．つまり，相対パス指定では，カレントディレクトリから見て，対象となるファイルやディレクトリがどこに位置するかを表します．

　図 1.17 は相対パス指定の例を示し，ファイルやディレクトリの名前の下に青字で

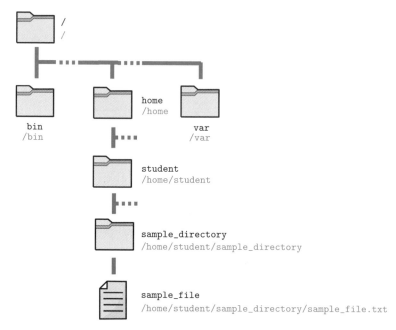

図 1.16　絶対パス指定の例

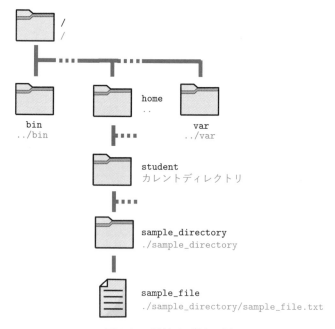

図 1.17　相対パス指定の例

書かれた文字列が相対パスです.

　相対パス指定では,カレントディレクトリが異なると,同じファイルやディレクトリでも,異なる表記となります.たとえば,カレントディレクトリが /home であるとすると,先ほどのファイルは 'student/sample_directory/sample_file.txt' と表されることになります.

　ここで気がついたと思いますが,絶対パス指定は必ず / で始まりますが,相対パス指定では / で始まることはありません. / で始まっているかそうでないかで,絶対パス指定であるか,相対パス指定であるかを判断することができます.

　ディレクトリの表記の規則には,特別な表記があります(**表 1.1**).まず,ルートディレクトリの表記方法を紹介します.木構造の根っこにあたるルートディレクトリは,'/' と表されます.実は,絶対パス指定表記の最初の文字である / は,ルートディレクトリを表していたのです.一方で,先頭以外の / は,木構造における包含関係を表しているだけで,ルートディレクトリを表しているわけではありません.先頭以外の / は,ディレクトリの親子関係を表しています.

表 1.1　ディレクトリを表す特別な表記

表　記	意　味
/	ルートディレクトリ
.	カレントディレクトリ
~	ホームディレクトリ

　次に,'.' をとりあげます.これは,カレントディレクトリを表しています.たとえば,カレントディレクトリの中に,a.out というファイルがあるとします.このとき,'./a.out' と表記すると,このファイルを間違いなく指定できます.

　カレントディレクトリを表す '.' に似たものに,'..' があります.これは,カレントディレクトリの親ディレクトリを表します.たとえば,図 1.15 に示したディレクトリ構造で,カレントディレクトリが /bin であるときは,'..' はルートディレクトリを指定することになります.また,/home ディレクトリは,'..' を使うことで,相対パス指定形式で '../home' と表すことができます.

　また,'../..' とすると,カレントディレクトリの親ディレクトリの親ディレクトリを表すことになります.人に例えると,祖父母ということになるでしょうか.

　たとえば,図 1.15 に示したディレクトリ構造で,カレントディレクトリが /home/student であるときに,'../../bin' と表記すると,絶対パス指定で,'/bin' となるディレクトリを指定することになります.

　このように,'..' と / を反復的に組み合わせることで,親ディレクトリだけではな

く，親の親のディレクトリを指定したり，さらにはディレクトリ構造をルート方向に
たどったりすることができます．

　最後に，'~' を紹介します．これは，ユーザが PC にログインした直後のカレント
ディレクトリを表しています．ユーザがログインした直後のディレクトリのことを，
ホームディレクトリといいます．ホームディレクトリと，home という名前のディレク
トリは異なるので注意しましょう．また，ホームディレクトリはユーザごとに異なる
点にも注意しましょう．

2

基本コマンド

　UNIX 系 OS はさまざまなコンピュータで使われていることから，UNIX をストレスなく使えることが，ソフトウェア開発やシステムの運用管理のための基本的なスキルとして必要になります．また，自らがソフトウェア開発を行わなくても，UNIX 系 OS にはさまざまなソフトウェアが用意されています．いずれの場合でも，UNIX を使いこなすうえでコンピュータに動作指示を出すコマンドを活用できるようになることが第一歩となります．

　本章では，ファイルの管理やプログラムの実行結果の保存，複数のプログラムによる連続処理を行う方法など，UNIX を利用するための基本的なコマンドや操作について解説します[†1]．

2.1　ファイル・ディレクトリの操作

2.1.1 | pwd　カレントディレクトリの表示

　現在のディレクトリがわからなくなった場合には，pwd コマンドで確認できます[†2]．pwd は，現在作業しているディレクトリであるカレントディレクトリを，絶対パスで表示します．コマンドは，ターミナルソフトのコマンドラインに，以下のように入力して実行します．

```
pwd
```

コマンドを実行すると，以下のようにカレントディレクトリが表示されます．

[†1]　この章で紹介しているよりも多くの情報を得たい場合には，この章の中でも紹介しているオンラインマニュアルを参照してください．また，各種コマンドを紹介する Web ページも数多くあるので，それらを参考にするとよいでしょう．

[†2]　コマンド名の pwd は，print name of current/working directory に由来します．

カレントディレクトリの確認

```
$ pwd
/home/student   ← カレントディレクトリが表示される
```

2.1.2 │ cd　カレントディレクトリの移動

cd コマンドは，カレントディレクトリを別のディレクトリに変更，つまり別のディレクトリに移動するために利用します[†1]．cd では，以下のように，コマンドの後ろに空白記号（半角スペース）と，移動先のディレクトリを記述します．このように，コマンドに追記される空白記号と文字列の組を，コマンドライン引数とよびます．空白は 1 つ以上であればよく，複数入れても動作に影響はありません[†2]．

> cd ［移動先ディレクトリ］

cd における移動先ディレクトリの表記には，絶対パスと相対パスの両方が使用できます．また，コマンドライン引数に何も書かずに省略すると，ログイン直後のカレントディレクトリである，ホームディレクトリに移動します．

カレントディレクトリの移動

```
$ cd ..   ← 相対パスで指定
$ pwd
/home
$ cd /home/student/sample_directory   ← 絶対パスで指定
$ pwd
/home/student/sample_directory
$ cd   ← 何も書かずに実行
$ pwd
/home/student   ← ホームディレクトリに移動したことが確認できる
```

cd のコマンド引数として移動先ディレクトリを記述する際に，ディレクトリ名の先頭文字のいくつかを入力したあとに [Tab] キーを押すと，自動的にディレクトリ名が補完されます．ただし，directory1 と directory2 といった，途中までが同じである複数のディレクトリが存在する場合には，共通する文字までしか補完は行われません．

以下の例では，ディレクトリ内に，'sample1' と 'sample_directory' の 2 つのファイルがあり，'cd sam' と入力したあとに [Tab] を押すと，2 つのディレクトリに共通する 'sample' までが補完されています．その後，'_' を入力して [Tab] キーを押すと，

---

†1　cd は，change directory に由来します．

†2　正確には，コマンドラインで受け付けることができる文字数に制限があるため，その制限に引っかからない範囲であれば，影響がないということです．

'sample_directory'と最後まで補完されています.

```
$ ls
sample1              sample_directory
$ cd sam  ← Tab キー
$ cd sample_  ← _を入力後に Tab
$ cd sample_directory
```

2.1.3 | ls　ファイルやディレクトリの表示

ls コマンドで,カレントディレクトリの中にあるファイルやサブディレクトリを表示できます[†1].また,オプションをつけることで,ファイルやディレクトリの保護モードといった情報を得ることもできます.

ls は,以下のような書式で利用できます.

> ls [オプション] [ファイルまたはディレクトリ]

以下の例のように,ls のみをタイプして実行すると,カレントディレクトリ内にあるファイルとディレクトリが表示されます.

ls の実行
```
$ ls
sample.txt       sample_directory    ダウンロード      テンプレート
デスクトップ      ドキュメント
```

なお,これはあくまで例示の1つであり,皆さんの環境で ls を実行したときと同じとは限りません.これ以降の例も同様なので,コマンド実行後の表示が書籍と異なっていても,気にすることはありません.

ls には,コマンドの動作を指定するオプション(ハイフン (-) と文字の組が一般的)を付けることができます.ls のオプションは,'-' で始めることになっています.なお,複数のオプションを同時に指定したい場合は,'-' のあとに複数の文字を並べます.

ls の代表的なオプションを,**表 2.1** に示します.

-a オプションを付けた 'ls -a' で表示される**隠しファイル**や**隠しディレクトリ**とは,ファイル名やディレクトリ名の最初の文字が '.' であるファイルやディレクトリのことで,-a を付けなければ,ls では表示されません.

シェルや各種プログラムの設定情報など,通常の使用においては,利用者が気にす

---

†1　ls は,list directory contents に由来します.

表 2.1　ls の主なオプション

オプション	機　能
-a	ファイル名がピリオド (.) から始まる隠しファイル（ドットファイル）や隠しディレクトリを含めた，すべてのファイルとディレクトリを表示する
-l	パーミッションや最終更新時刻などの詳細情報を表示する（3.1 節参照）
-F	ディレクトリには，ディレクトリ名の最後に / を付けて，実行ファイルには，ファイル名の最後にアスタリスク (*) を付けて表示する
-R	サブディレクトリがあれば，再帰的にサブディレクトリも一覧表示する

る必要がない情報を保管しておくためのファイルやディレクトリが，ls の実行のたびに表示される煩わしさを避けるために，隠しファイルや隠しディレクトリが用いられます．以下に，-a オプションを付けた ls の実行例を示します．

-a オプション

```
$ ls -a
.        ..         .bash_logout      .bash_profile    .bashrc
sample.txt         sample_directory  ダウンロード      テンプレート
デスクトップ        ドキュメント
```

　カレントディレクトリ以外のディレクトリの内容を表示したい場合には，'ls /' のように，ls のあとに空白をあけて，対象となるディレクトリを指定します．cd コマンドと同じく，ls におけるファイルまたはディレクトリの指定には，絶対パス指定と相対パス指定のどちらを使ってもかまいません．

　-l オプションを付けた 'ls -l' では，リストアップされるファイルやディレクトリについての，アクセス権限や，リンク数，ファイルの持ち主のユーザやグループ，サイズ，最終更新時刻など，詳細な情報が表示されます（アクセス権限などについては，3.1 節でとりあげます．）．

-l オプション

```
$ ls -l
合計 32                      ↓ファイルのサイズ
lrwzrwxrwx.   1 root root    7 4 月  1 12:08 bin -> usr/bin
dr-xr-xr-x.   4 root root 4096 1 月 18 20:17 boot
drwxr-xr-x. 134 root root 8192 6 月  7 14:56 etc
```

　また，-F オプションを付けると，ディレクトリの場合は，ディレクトリ名の後ろに '/' がついて表示されます．

-F オプションによるディレクトリの表示

```
$ ls -aF
./ ../ .autorelabel bin/ boot/ etc/
```

表 2.2　ファイル名展開のワイルドカード

記　号	内　容	例（意味）
*	任意の文字列	a* （a から始まるファイルやディレクトリ） *.c （拡張子が c のファイル）
?	任意の 1 文字	???.html （名前が 3 文字で，拡張子が html の ファイル）
[文字列]	[] に含まれている 文字のどれか 1 文字	[a,b] （a または b） [a-z] （a から z までの小文字 1 文字）
[!文字列]	[] に含まれていない 1 文字	[!0-9] （数字でない文字）

　また，ls で複数のファイルを指定する方法として，文字列の代用を担う**ワイルド**
カードを使ってパターンを指定するファイル名展開があります．ファイル名展開に使
えるワイルドカードとして，**表 2.2** があります．たとえば，'s*' は，s で始まる文字
列すべてを指すことになります．つまり，'*' の部分は，「任意の文字列」であると解
釈されているのです．

　1 つの文字を指定するのではなく，任意の文字列として取り扱える表記法であるこ
とから，カードゲームのワイルドカードにちなんで，ワイルドカード指定とよばれて
います．

　ワイルドカードを用いたファイル名展開と ls を組み合わせると，次のように，先頭
の文字が s であるファイルのみの一覧表示ができます．

ワイルドカードの利用

```
$ ls /s*   ←ルートディレクトリの中の s から始まるファイルを表示
sbin   srv   sys
```

2.1.4 ｜ cp　ファイルやディレクトリのコピー

　cp コマンドは，ファイルやディレクトリのコピーを作成するために利用します[1]．

　cp では，コマンドの後ろに，コマンドライン引数としてコピー元とコピー先を記述
します．

　cp のコピー先には，ファイル名を指定する場合と，ディレクトリ名を指定する場合
の 2 通りの指定方法があります．

　コピー先にファイル名を指定する場合の書式は，

---

[1] cp は，copy files and directories に由来します．

> cp　［オプション］　コピー元ファイル　コピー先ファイル

となり，コピー先にディレクトリ名を指定する場合には，

> cp　［オプション］　コピー元ファイル 1　［コピー元ファイル 2］　…
> コピー先ディレクトリ

となります.

　いずれの場合も，コピー元，コピー先のどちらも，絶対パス指定，相対パス指定のどちらで指定してもかまいません.

　コピー先にファイル名を指定する場合には，コピー元のファイルは 1 つしか指定できません. コピー先にファイル名を指定した場合，コピー先として指定したファイル名のファイルがすでに存在している場合には，コピー先として指定されたファイルに，コピー元のファイルが上書きされます. したがって，意図せずコピー先のファイルを失ってしまう危険性があります. cp の実行時には，コピー先に指定するファイルが存在しないか，また，本当に上書きしてもよいかを十分に確認しましょう.

　コピー先に指定した名前のファイルが存在しない場合には，コピー先として指定した名前のファイルが新たに作成されます. 新しく作成されたファイルの内容は，コピー元として指定したファイルの内容と同じです.

　これらの違いをまとめると，**表 2.3** となります.

表 2.3　コピー先の違いによる cp の振る舞いの違い

コピー先	結　果
既存のディレクトリ	コピー先として指定したディレクトリ内に，コピー元ファイルがコピーされる
既存のファイル	コピー先として指定したファイルが，コピー元ファイルで上書きされる
指定したファイルもディレクトリも存在しない	コピー元ファイルと同じ内容で，コピー元として指定した名前のファイルが作られる

　コピー先にディレクトリ名を指定する場合には，コピー元のファイルを複数指定することができます. コピー先として指定されたディレクトリの中に，コピー元と指定された 1 つ，または複数のファイルのコピーが作られます.

2.1.5 | mv ファイルやディレクトリの移動

mv コマンドで，ファイルやディレクトリを移動できます[†1]．mv コマンドでは，コマンドの後ろに，コマンドライン引数として移動元と移動先を記述します．

mv では，移動元が 1 つであるか，複数であるかによって，コマンド利用の書式が少し異なります．

移動元が 1 つの場合には，

> mv ［オプション］ 移動元 移動先

となります．

一方，移動元が複数ある場合には，移動先には，すでに存在しているディレクトリを指定する必要があります．その書式は，

> mv ［オプション］ 移動元ファイル 1 ［移動元ファイル 2］ ... 移動先ディレクトリ

となります．

いずれの場合も，移動元，移動先のどちらも，絶対パス指定，相対パス指定のどちらで指定してもかまいません．

mv で移動元を 1 つ指定する場合，移動先として指定した先が既存のディレクトリである場合には，指定されたディレクトリ内に，移動元として指定されたファイルやディレクトリが移動します（図 2.1）．また，移動先として指定された名前のディレクトリがない場合には，移動元として指定したファイルやディレクトリが，移動先として指定されたディレクトリ位置・名称のファイルやディレクトリとなります（図 2.2）．

mv で移動元にファイルを指定して，移動先にすでに存在しているファイルを指定すると，移動先として指定された既存のファイルが，移動元ファイルに置き換わります．cp コマンドで，コピー先に既存のファイルを指定する場合と同様に，既存のファイルが失われることになるので，注意が必要です．

mv で移動元を複数指定する場合には，移動先に指定した既存のディレクトリ内に，移動元のファイルやディレクトリが移動します．

これらの違いをまとめると，表 2.4 となります．

mv はファイルやディレクトリを移動させるコマンドですが，

---

†1 mv は，<u>mov</u>e files and directories に由来します．

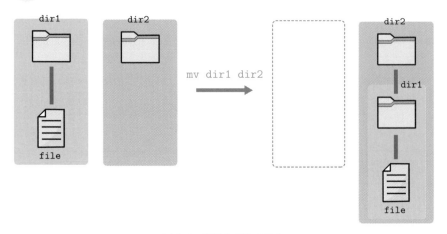

図 2.1　移動先がある場合

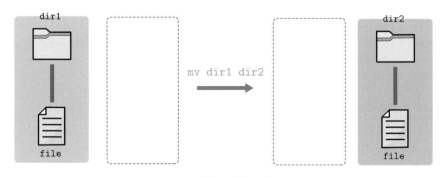

図 2.2　移動先がない場合

表 2.4　移動元と移動先の違いによる mv の振る舞いの違い

移動元	移動先	結　果
1 つ	既存のディレクトリ	移動先として指定したディレクトリ内に，移動元のファイルやディレクトリが移動する
1 つ	既存のディレクトリではない	移動元が，移動先として指定した位置・名称で移動する
複数	既存のディレクトリ	移動元が移動先ディレクトリ内に移動する

mv によるリネーム

```
$ mv old_name new_name
```

としたときに，new_name という名称のファイルやディレクトリが存在しない場合には，カレントディレクトリにある old_name という名称のファイルやディレクトリの名称が，new_name に変わります．つまり，**名称の変更（リネーム）**が行われます．こ

のように，mv でファイル名やディレクトリ名を変更できます．

　名称変更は，cp コマンドで別名のコピーを作成したあとに，元のファイルやディレクトリを消去することでもできます．ただ，mv と cp による名前変更には違いがあります．

　ファイルやディレクトリには，参照（アクセス）や，属性の変更，内容の更新といったことが行われた最終時刻が記録されています．それぞれは，最終アクセス時刻 atime，最終変更時刻 mtime，最終ステータス変更時刻 ctime の 3 つの時刻印（タイムスタンプ）として管理されています．これらファイルに対する最終操作の時刻の記録は，5.2 節で紹介する make コマンドや，5.3 節のバージョン管理で重要な役割をします．mv によるファイル名変更では atime と mtime を更新せずに，ctime のみを更新します．一方で，cp によるファイル名変更では atime を更新せずに，mtime と ctime を更新します．つまり，cp を使用してファイル名を変更すると，最終変更時刻が書き換えられる点に注意してください．この点は，第 5 章で説明する make を利用する際などに重要になります．

2.1.6 │ `mkdir`　ディレクトリの作成

`mkdir` コマンドを使うと，新しいディレクトリを作成できます[†1]．

`mkdir` では，以下のように，コマンドの後ろに，コマンドライン引数として作成するディレクトリを記述します．

> `mkdir` ［オプション］　作成するディレクトリ

　ディレクトリを作成する親ディレクトリ内に同じ名前のファイルやディレクトリがある場合には，ディレクトリを作成できません．すでにその名前のファイルやディレクトリが存在するわけですから，当然といえば当然です．`mkdir` は，存在しないディレクトリ名を指定したときのみ，新たなディレクトリが作られます．

ディレクトリの作成

```
$ mkdir sample_directory1
$ ls
sample_directory1  ← 作成されたディレクトリ
```

　カレントディレクトリ内に，`child_directory` という名前のディレクトリが存在していない状況で，'`mkdir child_directoy/grandchild_directory`' と入力する

---

†1　mkdir は，<u>m</u>ake <u>dir</u>ectories に由来します．

とどうなるでしょうか？

まず，ls で child direcoty という名前のディレクトリが存在しないことを確認したうえで，‘mkdir child directory/grandchild directory’と入力してみましょう．

mkdir child directory/grandchild directory の実行

```
$ ls
child direcoty がないことを確認
$ mkdir child directory/grandchild directory
mkdir: ディレクトリ‘child directory/grandchild directory’を作成できません：そのようなファイルやディレクトリはありません ← エラー
```

これは，‘mkdir child_directory/grandchild_directory’が，「child_directory 内に grandchild_directory というディレクトリを作れ」という指示であり，mkdir がその指示に従おうとして，child_directory ディレクトリを探しても見つからないために，エラーとして判断するためです．

でも，安心してください．mkdir を 1 回使うだけで，カレントディレクトリ内に，child_directory という名前のディレクトリを作り，さらに，その child_directory の中に grandchild_directory という名前のディレクトリを作る方法もあります．

-p オプションを付けて，‘mkdir -p child_directroy/grandchild_directory’と入力してみましょう．

-p オプションを付けた実行

```
$ mkdir -p child directory/grandchild directory
$ ls
child directory ← child directory が作成されている
$ ls child directory
grandchild directory ← child directory/grandchild directory が作成されている
```

このように，-p オプションを入力すると，作成しようとするディレクトリに至るまでの途中のディレクトリについても，（もし存在していなければ）作成してくれます．

2.1.7 | rm ファイルやディレクトリの消去

rm コマンドで，ファイルやディレクトリを削除できます[1]．rm では，コマンドの後ろに，コマンドライン引数として削除するファイルやディレクトリを記述します．

rm の書式は，以下のとおりです．

---

[1] rm は，<u>rm</u>ove files and directories に由来します．

> rm ［オプション］ ファイル 1 またはディレクトリ 1
> ［ファイル 2 またはディレクトリ 2］ ...

　ディレクトリを削除する場合は，以下のように，-r オプションを付けます．オプション -r をつけると，指定したディレクトリ中のファイルやディレクトリとその中に含まれるすべてのファイルとディレクトリも削除します．

　また，ファイルを複数指定することで，一度に複数のファイルを削除することも可能です．

ファイルの削除

```
$ ls  ← ファイルの確認
file1   file2   file3   dir1
$ rm file1 file2  ← 複数のファイルを削除
$ ls
file3   dir1  ← file1 と file2 が削除された
$ rm -r dir1  ← -r オプションでディレクトリを削除
$ ls
file3
```

　さらに，ls コマンドと同様に，ワイルドカードによるファイル名展開も使用できますが，削除してはいけないファイルまでうっかりと削除されてしまわないように，十分注意しましょう．事前に ls を使って，対象となるファイルを確認するとよいでしょう．

実　習

2-1 pwd コマンドを用いて，カレントディレクトリを表示してみよう．

2-2 mkdir コマンドを用いて，サブディレクトリを作成したあと，cd コマンドを用いて，作成したサブディレクトリに絶対パス指定により移動してみよう．

2-3 2-2 に続いて，cd コマンドを用いて，元のディレクトリに相対パス指定により戻ってみよう．

2-4 rm コマンドを用いて，2-2 で作成したサブディレクトリを消去してみよう．

2.1.8 | cat　ファイル内容の表示

　cat コマンドで，ファイルの内容を表示することができます．コマンド名の cat は，concatenate files and print on the standard output に由来します．

　「連結」を意味する 'concatenate' に名前が由来するというのは，少々変な気がしますね．これは，cat はファイルの内容を表示するのにも利用されますが，もともとは，

指定された複数のファイルの内容を，指定された順に，標準出力[†1] に出力する役割を
もっているためです．つまり，cat で出力された結果は，指定された複数のファイル
の内容を連続的に接続したものとなっています．

cat の書式は以下のとおりです．ファイルは複数指定できますが，1 つだけでもか
まいません．

```
cat ［オプション］ ファイル 1 ［ファイル 2］ ...
```

　指定したファイルが 1 個の場合は，そのファイルの内容が単に表示されます．先述
のとおり，cat は連結して出力することが役割なので，指定したファイルが複数の場
合は，ファイルの内容が順番に表示されます．

2.1.9 | less と more　画面制御

▪ less

　cat コマンドでファイルの内容を表示すると，目にも止まらない速さで行が送られ
て，結局は，画面上に最後のほうの数行が表示されるだけになってしまいます．

　このような不便さを解消するのが，less と more の 2 つのコマンドです．less コ
マンドは，ファイル内容を 1 画面ごとに表示します．less の使い方は，以下のよう
に，コマンドライン引数として表示したいファイルを記述します．

```
less ファイル
```

　less は，cat と同様に，ファイルの内容を画面上に表示しますが，ファイル内容を
1 画面分表示すると，そこでいったん表示が止まります．

less の実行

```
$ less longfile   ← longfile の内容が 1 画面分表示され（ここでは省略），
続ける(7%)           最下段に左の行のような表示が出る
```

なお，less で 1 画面分表示されたあとで Space を押すと，次の 1 画面が表示され
ます．また，Enter を押すと，1 行だけ次に進みます．less での表示を終了させる
には，'q' を入力します．

---

†1　標準出力とは，ディスプレイなど，各コンピュータで標準的に使われる出力装置のことです（2.2 節参
　　照）．

■ more

more コマンドも，less と同様にファイル内容を 1 画面ごとに表示することができます．more の使い方は less と同様ですが，'q' で表示終了する less と異なり，ファイルの最後まで表示したら，自動的にファイル表示を終了します．

more と比べて，less にはいくつかの機能が追加されています．表 2.5 に，more と less でよく使われる機能をまとめておきます[†1]．表 2.5 で空欄となっている部分は，該当する機能を備えていないということです．

表 2.5 more と less の比較

画面制御	more	less
1 画面先送り	Space	Space
1 行先送り	Enter	Enter
1 画面後戻り	b	b
1 行後戻り		y
先頭まで後戻り		g
末尾まで先送り		G
表示終了	q	q
文字列検索（末尾に向かって）	/検索文字列	/検索文字列
文字列検索（先頭に向かって）	?検索文字列	?検索文字列

2.1.10 | find　ファイルを探す

find コマンドは，その名のとおり，目的のファイルを見つけるために利用します．find は，検索ディレクトリ以下のファイルやディレクトリの中で，検索条件を満たすファイルを探索し，アクションを実行します．

find では，コマンドの後ろに，コマンドライン引数として検索ディレクトリや検索条件などを記述します．

find　検索ディレクトリ　検索条件　[アクション]

検索ディレクトリの指定は，絶対パス，相対パスのどちらでもかまいません．すべてのディレクトリの中から探すならば，ルートディレクトリ '/' を指定するとよいでしょう．また，'.' を指定すると，カレントディレクトリ以下を検索の対象とします．

よく使われる検索条件を，表 2.6 に示します．

アクションとは，検索条件にあう対象が見つかったときに行われる処理です．アク

---

†1 less の操作方法は，4.1 節でとりあげる vi エディタに由来しています．

表 2.6　`find` の代表的な検索条件

検索条件	内　容	例（意味）
`-name` 名前	名前（大文字と小文字の区別有り）と一致するファイルやディレクトリ	`-name "*.txt"`（拡張子が 'txt' のファイル）
`-iname` 名前	名前（大文字と小文字の区別なし）と一致するファイルやディレクトリ	`-iname "a*"`（a，または A から始まるファイルやディレクトリ）
`-mtime` n	n 日前に更新されている	`-mtime -8`（7 日以内に更新されたファイルやディレクトリ） `-mtime +6`（7 日以上前に更新されたファイルやディレクトリ）
`-type` ファイル種別	ファイル種類がファイル種別と一致	`-type f`（通常ファイル） `-type d`（ディレクトリ）

ションとして最もよく利用されるのは，おそらく `-print` でしょう．これは，見つかったファイルの名前（の絶対パス）をそのまま表示します．

　たとえば，'`find / -name "a*" -print`' を実行すると，名前が a で始まるすべてのファイルが表示されます．

　そのほかには，`-exec` などもよく利用されます．`-exec` を使うと，検索されたファイルに対して，任意のコマンドを実行できます．`-exec` の書式は，

> `find　検索ディレクトリ　検索条件　-exec コマンド {} \;`

です．コマンドの部分に実行したいコマンドを記述します．`{}` の部分が，検索ディレクトリ中で検索条件に合致するファイルに置き換わります．`{}` と `\;` の間には，半角のスペースを必ず入れてください．

　たとえば，拡張子が `log` であるすべてのファイルについて，詳細な情報を '`ls -l`' で確認したい場合には，'`find / -name "*.log" -exec ls -l {} \;`' とします．

　なお，アクションを指定しなかった場合には，`-print` が指定されたものとして `find` が実行されます．

2.1.11 | man　オンラインマニュアル

man コマンドは，マニュアルを表示するコマンドです[1, 2]．使い方はいたって簡単で，man に続けてマニュアルを見たいコマンド名を入れます．

```
man　コマンド
```

以下に，例として ls コマンドを調べたときの表示を示します．なお，man による表示画面は，多くの UNIX 系 OS では，less コマンドで制御されています．表 2.5 のスクロール操作により画面制御ができ，'q' を入力して終了できます．

man による ls のマニュアルの参照

```
$ man ls
LS(1)          ユーザーコマンド          LS(1)
名前
          ls - ディレクトリの内容をリスト表示する
書式
          ls [オプション]... [ファイル]...　← 以下は省略
```

2.2　　リダイレクトとパイプ

2.2.1 | リダイレクト

多くのファイルが含まれているディレクトリで 'ls -la' を実行すると，1 画面では表示しきれず，コマンドの実行結果が自動的にスクロールされてしまいます．そのために，初めのほうで表示された情報を見ることができません．

多くのコマンドは，「標準的」にその実行結果を画面上に出すことから，実行結果の出力先である画面を，**標準出力**とよびます．

一方，ユーザがコンピュータに文字情報を入力するキーボードを，**標準入力**とよびます（図 2.3）．

また，標準出力は，コマンドが正常に処理を行ったときの出力先ですが，コマンド実行時の書式に誤りがあったり，オプション指定が誤っていたりすると，コマンドは，エラーメッセージを画面上に出力します．画面上だけを見ると，正常動作時の出力とエラー時の出力は同じように見えますが，これらは区別されています．エラーメッセー

---

[1] 利用環境によっては，オンラインマニュアルがインストールされていない場合があります．その場合には，管理者に聞いてみましょう．

[2] man は，format and display the on-line manual pages に由来します．

図 2.3　標準出力と標準入力

ジの出力先である画面を，**標準エラー出力**とよびます．

　標準出力に対して送られるコマンドの実行結果を，標準出力ではなくファイルに書き込むこともできます．このように，標準出力に対して送られる出力をファイルへの書き込みに切り替えることを，**リダイレクト**といいます（**図 2.4**）．

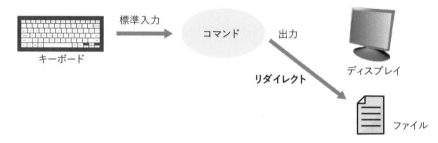

図 2.4　リダイレクト

　具体的には，以下のようにコマンドを実行することで，標準出力に送られていた ‘ls -la’ の出力をリダイレクトし，`ls_file` という名称のファイルに書き込みます．

リダイレクト (1)
```
$ ls -la > ls_file
```

　ファイル名の `ls_file` は例であって，自分で好きな名称にできます．ただし，既存のファイル名とすると，元からあったファイルを上書きしてしまい，元のファイルが失われてしまうので気をつけましょう．

　リダイレクトにより，コマンドの実行結果をファイルの内容として残すと，`more` や `less` コマンドを使用して，1 画面ずつ表示することができます．

リダイレクト (2)
```
$ ls -la > ls_file
$ less ls_file  ← ls_file の内容を less で表示
```

　このように，記号 ‘>’ は，標準出力をファイルの書き込みに切り替えるリダイレクトを表しています．リダイレクトには，ほかにもいくつかのバリエーションがあるの

で，それらを説明しましょう．

まず，'>>' です．これは，出力先と指定したファイルが存在しない場合には，'>' と同様に，新たにそのファイル名のファイルを作り，その中に書き込みを行います．一方，指定したファイルが存在する場合には，'>>' の左側に書いたコマンドの実行結果を，指定したファイルの最後の位置から追記します．

リダイレクトを表す記号 '>' は，標準出力の切り替えを行いますが，標準エラー出力は切り替えません．したがって，コマンドからのエラーメッセージは画面上に表示されます．

標準エラー出力も含めて出力先をファイルに切り替えたいときには，'>&' を使います．

以下の例では，まず，オプションの指定を間違った 'ls +la' の実行をしています．

標準エラー出力のリダイレクト

```
$ ls +la
ls: +la にアクセスできません: そのようなファイルやディレクトリはありません
$ ls +la > ls_file
ls: +la にアクセスできません: そのようなファイルやディレクトリはありません
$ ls -l ls_file
-rw-rw-r--.  1 kob kob 0 6 月 20 20:33 ls_file  ← 0 はサイズを表している
$ ls +la >& ls_file  ← エラーが画面に表示されない
$ ls -l ls_file
-rw-rw-r--.  1 kob kob 107 6 月 20 20:42 ls_file  ← ls_file のサイズが増えている
$ cat ls_file
ls: +la にアクセスできません: そのようなファイルやディレクトリはありません
↑ ls_file の内容
```

その結果として，エラーメッセージ 'ls: +la にアクセスできません: そのようなファイルやディレクトリはありません' と画面上で表示されています．

その後，標準出力をリダイレクトした 'ls +la > ls_file' を実行していますが，エラーメッセージは画面上に表示されています．また，ls_file のサイズを 'ls -l ls_file' で確認したところ 0 で，ls_file には何も書き込まれていないことがわかります．

次に，'ls +la >& ls_file' と入力し，標準エラー出力も含めてリダイレクトしています．今度は，エラーメッセージは画面上に表示されません．また，'ls +la > ls_file' を実行すると，ファイル ls_file のサイズが 0 ではないことがわかります．そして，'cat ls_file' で，ファイル ls_file の内容が 'ls: +la にアクセスできません: そのようなファイルやディレクトリはありません' と表示され，ls_file にエラーメッセージが書き込まれていることが確認できます．

リダイレクト記号の違いをまとめたものを，表2.7 に示します．

表 2.7 リダイレクト記号

表 記	機 能
>	標準出力をファイルに切り替え，出力先のファイルが存在する場合には上書きする
>>	標準出力をファイルに切り替え，出力先のファイルが存在する場合には追記する
>&	標準出力に加え，標準エラー出力も切り替える

2.2.2 パイプ

リダイレクトは，出力先が画面となっているコマンドの標準出力や標準エラー出力を，ファイルへの書き込みに切り替えるはたらきをします．リダイレクトと同様に，標準出力や標準エラー出力を切り替えるはたらきをするものに，**パイプ**があります（図2.5）．

図 2.5 パイプ

リダイレクトが出力をファイルへの書き込みに切り替えるのに対して，パイプは，出力をほかのコマンドの標準入力に送ります．パイプは '|' で表され，パイプの左側に書かれたコマンドの標準出力を，パイプの右側に書かれたコマンドの標準入力に送ります．

`more` や `less` コマンドは，コマンド名の後ろにファイルを指定しない場合には，標準入力からの文字列を受け取ります．これらのコマンドの機能とパイプを組み合わせて，たとえば 'ls -la | less' とすると，'ls -la' の実行結果が `less` コマンドに対して入力して送られることになり，ファイルやディレクトリが一気に表示されることなく，画面の行数にあわせた表示の制御を行えます．

パイプの使用例

```
$ ls -la | less
```

リダイレクトやパイプには，シェルの違いによる表記法の違い（第8章参照）や，ここで紹介した以外の機能もあります．自分の使っているシェルについて調べてみるとよいでしょう．

2.2.3 echo 文字列の表示

`echo` コマンドは，引数で渡された文字列を，標準出力に表示します．`echo` は，リダイレクトすることでファイルに文字列を出力し，テキストファイルを作成すること

などに利用されます. echo の書式は以下のとおりです.

> echo 文字列

たとえば, 'Hello' を標準出力に表示したい場合には, 以下のように実行すること
になります.

文字列の表示
```
$ echo Hello
Hello
```

以下のように, echo の後ろに複数の引数を列挙した場合には, 各引数の間に半角ス
ペースが 1 つ挿入されて表示されます.

複数の文字列の表示
```
$ echo Hello World
Hello World
```

'Hello World' のように, 単語間に複数のスペースを入れて表示したい場合, 以下
のようにコマンドを実行しても, 単語間には 1 つのスペースしか入りません.

複数のスペースを入れて表示 (1)
```
$ echo Hello  World
Hello World
```

複数のスペースを表示したい場合には, 以下のように文字列をシングルクォーテー
ション ('), またはダブルクォーテーション (") で囲みます.

複数のスペースを入れて表示 (2)
```
$ echo 'Hello  World'
Hello  World
$ echo "Hello  World"
Hello  World
```

2.3 プリンタコマンド

印刷操作に関するコマンドを, プリンタコマンドといいます. 代表的なプリンタコ
マンドとして, プログラムなどのテキストファイルを印刷する lpr コマンドや, プリ
ントキューの状態を確認する lpq コマンドがあります. なお, プリントキューは, lpr

表2.8 プリンタコマンドの例

コマンド	内　容
lpr	プリンタでの印刷
lpq	プリントキューの確認
lprm	印刷ジョブの削除

で行われた印刷要求（ジョブ）を，リストに記憶しておく役割を担います．**表2.8**に，プリンタコマンドの例を示しています．

　なお，lprでは，いわゆるプレーンテキスト（文字情報だけのテキストデータ）ファイルの印刷を行えますが．PDF (Portable Document Format) ファイルなどのように，文字の装飾やレイアウト処理が施された文書ファイルをそのまま印刷できるとは限りません．lprでこれらのファイルの印刷ができるかどうかは，環境によって異なります．

実　習　**2-5** manコマンドを用いて，プリンタコマンドのlprとlpq，lprmのマニュアルを確認してみよう．

3

応用コマンド

　ソフトウェア開発やシステムの運用管理の場面では，セキュリティの確保やミスによる障害発生を予防することなどを目的として，ファイルへのアクセス権の管理を行う必要があります．また，実行中のプログラムを意味するプロセスの概念を理解し，プロセスの実行を管理する方法を知っておく必要があります．

　本章では，ソフトウェアを開発する際や，ファイルやディレクトリに対するアクセス権管理やプロセス管理などのシステムの運用管理の際に利用するコマンドについて解説します．

3.1　ファイル管理

　UNIX 系 OS では，各ファイルやディレクトリには利用権限が設定されており，誰がどのように利用できるのかが設定されています．

3.1.1 │ パーミッション

　UNIX 系 OS では，すべてのファイルやディレクトリに属性が与えられます．その属性により，それぞれのファイルやディレクトリの**オーナー**，**グループ**，**パーミッション**などを管理します．

　オーナーは，名前のとおり，ファイルやディレクトリの持ち主です．**グループ**は，オーナーが所属しているグループです．オーナーは，いろいろな立場で UNIX を利用することもでき，その立場を区別するためにグループが用意されています．オーナーが，どの立場でファイルやディレクトリを利用するのかを区別するために，利用対象であるファイルやディレクトリに，グループ属性をもたせています．オーナーは，複数のグループに所属することがあります．このときには，ファイルやディレクトリのグループ属性は，オーナーの所属するグループのいずれか 1 つになっています．**パーミッション**は，そのファイルやディレクトリに対してどのような操作が行えるかとい

う許可のことです．パーミッションは，「オーナー」，「グループ」，「その他」という3種類のユーザについて設定されます．「オーナー」に対するパーミッションは，そのファイルやディレクトリの所有者に対するパーミッションとなります．「グループ」に対するパーミッションは，ファイルやディレクトリのグループ属性で示されるグループに所属する，オーナー以外のユーザに対するパーミッションです．「その他」に対するパーミッションは，オーナーやグループ属性で示されるグループに所属するユーザ以外の，その他のユーザに対するパーミッションです．

　ファイルやディレクトリのオーナーとグループおよびパーミッションの設定状況は，ls コマンドに -l オプションを付けた 'ls -l' で確認することができます．

パーミッションの確認

```
$ ls -l
合計 4　↓パーミッションを表す文字列
drwxr-xr-x 2 taro student 10 4 月 10 13:55 Desktop
-rw-r--r-- 1 taro student 31 4 月 10 13:51 sample.txt
```

　この場合，Desktop というディレクトリ，および sample.txt というファイルは，オーナーが taro，グループが student ということがわかります．

　パーミッションは，一番左の列

```
drwxr-xr-x
-rw-r--r--
```

に表示されています．1行目の最初の 'd' はディレクトリであることを示していて，2行目のように '-' で始まるものがファイルです．

　2文字目以降に，'r', 'w', 'x', '-' のいずれかで構成される9文字が続きますが，2文字目から3つがオーナーのパーミッション，次の3つがグループのパーミッション，残りの3つがその他のユーザのパーミッションを意味します．

　ファイルの場合は，r は読み取り許可，w は書き込み許可，x はプログラムなどの実行許可，- は禁止（拒否）を意味します．

　ディレクトリの場合は，r はディレクトリ内のファイル（ディレクトリ）名の表示の許可，w はディレクトリ内への新規ファイル（ディレクトリ）作成・削除・名前変更の許可，x はディレクトリ内のファイル（ディレクトリ）へのアクセス許可，- は禁止（拒否）を意味します．

　これらをまとめると，**表3.1** のようになります．

　上の例では，Desktop というディレクトリに対して，オーナーはすべて許可（rwx）されており，グループ student に属するユーザおよびその他のユーザは，ディレクトリ内のファイル（ディレクトリ）名の表示と，プログラムやシェルスクリプトの実行

表 3.1　パーミッション

文字	ファイル	ディレクトリ
r	読み取り許可	ディレクトリ内のファイル（ディレクトリ）名の表示の許可
w	書き込み許可	ディレクトリ内への新規ファイル（ディレクトリ）作成・削除・名前変更の許可
x	プログラムやシェルスクリプトの実行許可	ディレクトリ内のファイル（ディレクトリ）へのアクセス許可

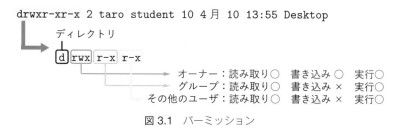

図 3.1　パーミッション

許可 (r-x) がされていることを示しています（**図 3.1**）.

3.1.2 │ chmod　パーミッションの変更

ファイルのパーミッションを変更するには，chmod コマンドを使用します[†1].

> chmod［オプション］　モード　ファイルまたはディレクトリ

chmod では，対象ファイルやディレクトリのコマンド実行後のパーミッションを，モードで指定します. モードには，パーミッションを3桁の8進数で表現した**絶対モード**と，パーミッションを英字と記号を組み合わせたもので表現した**シンボリックモード**があります.

絶対モードでは，3桁の8進数の各桁が，上位の桁から順に，オーナー，グループ，その他のユーザに対応しています. 各桁は，読み取り許可を4，書き込み許可を2，実行許可を1として，それらの合計で許可条件を表しています.

たとえば，オーナーのみ読み取りおよび書き込みを許可し，同じグループのほかのユーザやその他のユーザには読み取りだけを許可する場合は，オーナーの許可条件を表す最上位の桁は $4+2=6$ となり，そのほかの桁は4となります. したがって，絶対モードでの表記は '644' となります（**図 3.2**）.

---

†1　chmod は，<u>ch</u>ange the <u>mod</u>e of each file に由来します.

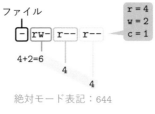

絶対モード表記：644

図 3.2　絶対モード

　以下の例は，オーナー，同一グループのほかのユーザ，それ以外のユーザのいずれに対しても，読み取り，書き込みともに許可されている sample.txt というファイルのモードを，オーナーのみ読み書きができ，それ以外は読み取りだけ許可するモードに変える場合です．

　この例では，最初に変更前のパーミッションの状況を 'ls -l' で確認し，次いで，変更後のパーミッションを絶対モードを使って '644' と指定して変更しています．

パーミッションの変更（絶対モード）
```
$ ls -l sample.txt　　← 現在のパーミッションの確認
-rw-rw-rw- 1 taro student 31 4 月 10 13:51 sample.txt
$ chmod 644 sample.txt
$ ls -l sample.txt
-rw-r--r-- 1 taro student 31 4 月 10 13:51 sample.txt　　← パーミッション変更後
```

　シンボリックモードでは，どの種類のユーザに対するものであるかの指定と，どのパーミッションを与えるか，あるいは削除するかの指定の組合せで，パーミッションを表現します．

　ユーザについては，オーナーは 'u'，グループは 'g'，その他のユーザは 'o' で表します．一方，パーミッションについては，読み取り許可は 'r'，書き込み許可は 'w'，実行許可は 'x' で表し，パーミッションを与える場合には '+' のあとにこれらの記号を並べ，パーミッションを削除する場合には '-' のあとにこれらの記号を並べます．

　たとえば，オーナー以外に対して，書き込み許可と実行許可を削除するのであれば，'go-wx' と表されます．

　先ほどの絶対モード指定でのパーミッションの変更と同じ効果となる操作を，シンボリックモードを使って行うと，以下のようになります．

パーミッションの変更（シンボリックモード）
```
$ chmod go-wx sample.txt
```

実 習　**3-1**　'ls -la > ls_file' で作られたファイルの，属性とパーミッションを確
　　　　　認してみよう．

　　　　3-2　'ls -la > ls_file' で作られたファイルのオーナーパーミッションを読
　　　　　み取り禁止としてみよう．その後，cat コマンドで内容が表示できないこ
　　　　　とを確認してみよう．

3.1.3 │ head と tail　テキストファイルの表示

　2.1 節で，テキストファイルの内容を表示する cat, more や less などのコマンドを
紹介しました．ここでは，これら以外で，テキストファイルの内容を確認するのに便
利なコマンドを紹介します．

　more のようにページごとに内容を表示するコマンドも，ファイルの中身を見るには
とても便利です．しかし，見る前から見たい部分がファイルの先頭や最後にあるとわ
かっている場合，もっと便利なコマンドがあります．それが head や tail コマンド
です．

　head は，ファイルの先頭部分を表示します．一方，tail は，ファイルの末尾部分
を表示します．

> head ［オプション］　ファイル

> tail ［オプション］　ファイル

　head と tail は，いずれも，オプション部分で表示する行数を指定することができ
ます．もし指定しなかった場合には，10 行分が表示されます．

　たとえば，.bash_profile の中身を見る場合，head を使用して -5 オプションを
使うと，ファイルの先頭から 5 行分の行が表示されます．

head による表示

```
$ head -5 .bash_profile
# .bash_profile

# Get the aliases and functions
if [ -f /.bashrc ]; then
.   /.bashrc
```

　同様に tail の場合も，'tail -5' とすると，対象ファイルの末尾 5 行が表示され
ます．

tail による表示

```
$ tail -5 .bash_profile
# User specific environment and startup programs

PATH=$PATH:$HOME/.local/bin:$HOME/bin

export PATH
```

3.1.4 │ wc　行数・単語数・バイト数

wc コマンドを使うと，ファイルの行数，単語数[1]，バイト数を知ることができます．

```
wc  [オプション]  ファイル
```

たとえば，.bash_profile に対して wc を実行すると，以下のように出力されます．

wc による出力結果

```
$ wc .bash_profile
12 27 193 .bash_profile
```

これは，行数が 12，単語数が 27，バイト数が 193 のファイルであることを示します．

3.1.5 │ grep　文字列検索

ファイル中の特定の文字列（パターン）を含む行を表示したい場合には，grep コマンドを使用します[2]．

```
grep  [オプション]  パターン  [ファイル]
```

grep は，指定されたファイル（ファイルが指定されていないか，‘-’ が指定された場合は標準入力からの入力）を読み込み，与えられた文字列とマッチする行を表示します．.bash_profile の中から，パターン ‘and’ を含む行を検索する場合，次のように，検索したい文字列とファイル名を指定して使用します．

grep で ‘and’ を含む行のみ表示

```
$ cat .bash_profile   ← .bash_profile の内容の確認
# .bash_profile
```

---

†1　ここでの単語とは，空白・タブ文字・改行などで区切られた文字列のことです．

†2　コマンド名の grep は，global regular expression print に由来します．

```
# Get the aliases and functions
if [ -f  /.bashrc ]; then
.    /.bashrc
fi

# User specific environment and startup programs

PATH=$PATH:$HOME/.local/bin:$HOME/bin

export PATH
$ grep and .bash_profile    ← and を含む行を検索
# Get the aliases and functions                ← and を含む行が
# User specific environment and startup programs  ← 表示される
```

3.1.6 │ sort と uniq　並べ替えと重複削除

▪ sort

テキストファイルの内容や標準入力の内容を何らかの順番に並べ替えたい場合には，sort コマンドを使用します．

> sort［オプション］［ファイル］

並べ替えは行単位で行われます．1 個または連続する空白文字（スペースまたはタブ）を区切りとして行をフィールドとよばれるまとまりに分解し，各行の先頭のフィールドでソートし，次に 2 番目のフィールドでソートし，次に 3 番目のフィールドでソートする，ということを繰り返します．たとえば以下の例では，元のファイルの 1 行目の先頭のフィールドは 'aaa' ですが，2 行目の先頭のフィールドは 'aa' です．そのため，sort で並べ替えを行うと，2 行目のほうが前にくることになります．

```
$ cat sample    ← ファイルの内容を確認
aaa yyy
aa byyy
aab yyy
aaa xxx
$ sort sample    ← 並べ替え
aa byyy
aaa xxx
aaa yyy
aab yyy
```

また，オプションを指定することで，区切り文字や並べ替え基準の対象となるフィールド（キーとよびます）の位置は変更できます．表 3.2 に，sort の主なオプションを示します．

表 3.2　sort コマンドのオプション

オプション	説　明
-c	入力がソートされているかを確認する．ソートは行わない
-k フィールド1[, フィールド2]	フィールド1からフィールド2に指定したフィールドをキーとする
-n	キーの数字文字列を数値として取り扱う
-r	降順（大 → 小）に並び替える．省略時は昇順
-t 文字	フィールドの区切り文字を文字に指定する．省略時は空白文字を区切り文字に指定する
-u	ソート後に同じ内容の行が連続した場合，最初の1行だけを出力する

実際に sort を使った例を示しましょう．

この例で対象とするファイル cc.txt には，国名と国際電話の国番号が1行に書かれています．また，国名と国番号は ',' で区切られています．

以下の例では，まず，ファイルの内容を確認後，国名での並び替えの結果を表示し，次に，国番号の順での並び替えの結果を表示しています．

sort による並べ替え

```
$ cat cc.txt   ← ファイルの内容を確認
Japan,81
China,86
Brazil,55
America,1
$ sort cc.txt   ← 国名で並び替え
America,1
Brazil,55
China,86
Japan,81
$ sort -t , -k 2 -n cc.txt   ← コンマを区切り文字に指定して国番号で並べ替え
America,1
Brazil,55
Japan,81
China,86
```

▪ uniq

テキストファイルの内容や標準入力の内容を出力する際に，連続する同一行についてはその中の最初の1行だけを出力したい場合には，uniq コマンドを使用します．

```
uniq ［オプション］ ［ファイル］
```

表 3.3 に，uniq の主なオプションを示します．

表 3.3 uniq コマンドのオプション

オプション	説明
-d	重複した行のみ出力する
-f N	最初の N 個のフィールドを比較しない
-i	比較時に大文字と小文字の違いを無視する
-s N	最初の N 文字を比較しない
-u	重複していない行のみ出力する
-w N	行の比較を最初の N 文字で行う

3.1.7 file ファイルタイプ判定

ファイルには，実行ファイルや C 言語のプログラム，テキストファイルなど，いろいろな種類があります．file コマンドを使用すると，ファイルを開いたりしなくても，その種類を知ることができます．

file [オプション] ファイル 1 [ファイル 2] ...

たとえば，C 言語で書かれたプログラム main.c と，それをコンパイルしてできた実行ファイル a.out が，file でどのように表示されるかを見てみましょう．

ファイルタイプの判定

```
$ file main.c a.out
main.c:  C source, ASCII text
a.out:  ELF 64-bit LSB executable, x86-64, version 1 (SYSV),
dynamically linked (uses shared libs), for GNU/Linux 2.6.32,
BuildID[sha1]=(省略), not stripped
```

このように，main.c は C 言語で書かれたプログラムテキスト (C source) であり，a.out は実行ファイルである (executable) ことがわかります．

実　習　**3-3**　‘ls -la > ls_file’で作られたファイルの内容は，ファイルやディレクトリの名前の順に行が並んでいる．このファイルに対して sort コマンドを使って，ファイルやディレクトリのサイズの昇順に行を並べ替えてみよう．

3.1.8 gzip と tar 圧縮・解凍とアーカイブ

複数のファイルやディレクトリを誰かに渡したり，保管する場合には，元に戻すことができる範囲で，無駄な情報を削除してファイルサイズを小さくする**圧縮**や，複数のファイルやディレクトリを 1 つに束ねる**アーカイブ**を行うと，取り扱いやすくなり

ます.

▪ gzip

ファイルを圧縮するには，gzip コマンドを使用します.

> gzip ［オプション］ ファイル

gzip は，1つのファイルから1つの圧縮されたファイルを生成します.

圧縮されたファイルを元のファイルに戻すことを**解凍**といいます．解凍する場合には，gzip のオプションに -d を指定します[1].

> gzip -d ［オプション］ ファイル

圧縮と解凍の実行例は，次のとおりです.

圧縮と解凍の実行例

```
$ ls -l services
-rw-r--r-- 1 taro student 670293 4 月 10 14:00 services  ← 圧縮前のファイル情報
$ gzip services
$ ls -l services*
-rw-r--r-- 1 taro student 136088 4 月 10 14:00 services.gz  ← 圧縮後のファイル情報
$ gzip -d services.gz
$ ls -l services
-rw-r--r-- 1 taro student 670293 4 月 10 14:00 services  ← 解凍後のファイル情報
```

gzip によって，670,293 バイトあったファイルが 136,088 バイトに圧縮されていることがわかります．ちなみに，圧縮や展開によって，ファイルの修正時刻が変更されることはありません.

▪ tar

複数のファイルを束ねるアーカイブには，tar コマンドを使用します[2].

> tar ［オプション］ ファイルまたはディレクトリ

tar は，f オプションで，アーカイブファイル（連結後のファイル名）を指定しま

---

[1] 解凍する場合は，'gunzip ［オプション］ ファイル' も使用できます.
[2] tar は，磁気テープにバックアップをする <u>t</u>ape <u>a</u>rchive に由来します.

す．c オプションでファイルの連結，x オプションでアーカイブの展開をします．tar のオプションには，マイナス (-) 記号を付ける必要がない点に注意しましょう．

たとえば，~/work ディレクトリのバックアップをとりたい場合には，以下のような操作となります．

アーカイブファイルの作成

```
$ cd ~    ← ホームディレクトリに移動
$ tar cf work.tar work   ← f オプションで work.tar を指定
```

この操作によって，ホームディレクトリの ~/work ディレクトリに含まれているすべてのディレクトリやファイルをアーカイブしたファイル work.tar が作成されます．

今度は，アーカイブファイル work.tar を，~/tmp ディレクトリ内で展開してみましょう．

アーカイブファイルの展開

```
$ cd ~/tmp
$ tar xf ~/work.tar   ← x オプションでアーカイブを展開
$ ls -l
drwxr-xr-x 2 taro student 18 4 月 10 10:00 work   ← work.tar が展開されている
```

なお，展開後もアーカイブファイル work.tar は削除されず残ったままとなるので，不要なときは削除が必要です．

f オプションを使わなかった場合には，tar は標準入力あるいは標準出力を使用します．tar の機能や目的からすると，f オプションは必須といってもよいでしょう．

tar では，さらに便利なことに，z オプションを付けることで，gzip コマンドと同様の圧縮・解凍も行ってくれます．

先ほどの内容をすべて z オプションを付けて行うと，アーカイブと圧縮は以下のようになります．

アーカイブと圧縮の同時実行例

```
$ cd ~
$ tar zcf work.tar.gz work
```

また，圧縮されたアーカイブファイルの解凍と展開は，以下のようになります．

圧縮されたアーカイブファイルの解凍と展開

```
$ cd ~/tmp
$ tar zxf ~/work.tar.gz
$ ls -l
drwxr-xr-x 2 taro student 18 4 月 10 10:00 work
```

3.2 ジョブ管理

　UNIX では，複数のコマンドを同時に実行することができます．そして，そのひとつひとつの実行されるコマンド（プログラム）の単位を**プロセス**とよびます．実行中のプログラムのことを「プログラム」とよぶこともありますが，正確には，「プログラム」とは，命令を実行される順に書き表された記述を意味します．プログラムとして記述された命令が順に実行されているものを「プロセス」といいます．

　たとえば，料理のレシピがプログラムにあたり，レシピに従って実際に行われている調理という行為がプロセスに相当します．料理教室では，1 つのレシピに対して，テーブルごとで異なるグループが調理を行っているように，コンピュータの内部では，同一プログラムから複数の異なるプロセスが走っていることもあります．さらに，これらのプロセスを組み合わせて仕事をさせることができ，その組み合わされたプロセスの集合体のことを，**ジョブ**とよびます．

　プロセスは OS が管理を行っており，OS は，プロセスに ID を割り振って，各プロセスを区別して管理します．一方，ジョブはシェルによって管理されており，シェルはジョブに**ジョブ番号**を割り振ります．

3.2.1 プロセス情報の取得
　実行中のプロセスの情報を表示するには，以下の書式で ps コマンドを使用します.

```
ps [オプション]
```

　ps でよく使われるオプションは，**表 3.4** の 3 つです．ps のオプションは，マイナス (-) 記号を付ける必要はありません．

　ps を実行すると，以下のように，自分自身が実行しているプロセスが表示されます.

表 3.4　ps コマンドのオプション

オプション	説　明
a	ほかのユーザが所有するプロセスに関する情報も含める
u	ユーザ指向（人間に読みやすい形式）の出力を生成する
x	端末制御をもたないプロセスを含める

プロセスの表示

```
$ ps
PID    TTY     TIME     CMD
22949 pts/14 00:00:00 bash
26133 pts/14 00:00:00 ps
```

この例では 'bash' と 'ps' の，2つのプロセスが表示されました．ps で表示される1行目の PID, TTY などは，以降の各列が何を表しているかを示しており，たとえば，PID は各プロセスの**プロセス番号**です（詳細は後述）．プロセス番号は**プロセス ID** ともよばれます．また，CMD の項目に実行中の各コマンド名が表示されます．

UNIX 系 OS では，自分自身が実行しているプロセス以外にも，ほかのユーザが起動したプロセスや，さまざまなサービスを提供するために，OS の起動時に起動したプロセスなど，多くのプロセスが実行されています．それらのプロセスすべての詳細情報を表示したい場合は，表 3.4 の 3 つのオプションを使います．これら 3 つのオプションを指定する際には，3 つの文字を連続させて，'ps aux' と入力します．

プロセスの詳細情報の表示

```
$ ps aux
USER PID %CPU %MEM VSZ RSS TTY STAT START TIME COMMAND
root 1    0.0   0.0 191276 3708 ?  Ss 3 月 01 5:27 /usr/lib/systemd/……
root 2    0.0   0.0 0 0 ?   S 3 月 01 0:01 [kthreadd]
～非常に多くのプロセスが表示されるので省略～
taro 7247 0.0 0.0 126096 2428 pts/5 Ss 4 月 10 0:00 -bash
taro 7362 0.0 0.0 161368 1876 pts/5 R+ 13:02 0:00 ps aux
```

ここで，1 行目に表示される文字列の意味を，**表 3.5** に示します．2 行目以降は，1 行ごとに 1 つのプロセスに対応しています．

表 3.5　ps aux の出力の意味

出　力	説　明
USER	プロセスの所有者，つまり，プロセスを実行したユーザ名
PID	プロセスごとに振られたプロセス番号
%CPU	CPU の使用割合．プロセスが起動してからこれまでに CPU を使った割合
%MEM	メモリの使用割合
VSZ	仮想メモリのサイズ
RSS	スワップされていない物理メモリ使用量
TTY	実行している端末
STAT	プロセスの状態
START	実行開始時刻
TIME	通算の CPU 使用時間
COMMAND	プロセスのプログラム

3.2.2 | jobs　ジョブ情報の取得

ジョブの情報を表示するには，以下の書式で jobs コマンドを使用します．

> jobs　[オプション]

まずは，ps コマンドと同様に，オプションなしで実行してみてください．何も表示されなくても問題はありません．jobs は，その端末で実行しているジョブを表示するものであるため，その端末で現在実行中のジョブがなければ何も表示されません．

実際にその端末で実行しているジョブがある場合には，以下のように，そのジョブ番号とジョブを起動したときの実行コマンドが出力されます．

ジョブの表示

```
$ jobs
[1]+ 実行中 xeyes &
```

3.2.3 | プロセス管理

プロセス番号とジョブ番号を知る方法がわかったところで，実際に 1 つプロセスを走らせてみましょう．ここでは，以下のように入力してみてください．

バックグラウンド実行の例[†1]

```
$ sleep 60 &
```

コマンドのあとに '&' を付けて実行すると，**バックグラウンド**で実行されます．バックグラウンドで実行されたプロセスは，標準入力から切り離されます．また，標準入力がプロセスに占有されないことになるので，シェルは，ユーザから行われる標準入力からの次の入力を受け付けることができるようになります．

一方，これまでのように '&' を付けずに実行することを**フォアグラウンド**実行とよびます．フォアグラウンドで実行されているプロセス（ジョブ）は，標準入力を占有するので，このプロセスが終了するまでは，シェルは次のコマンドを受け付けることができません[†2]．

---

†1 'sleep 60' は 60 秒間有効な処理をすることなく，走り続けるプログラムです．sleep と echo を組み合わせて，たとえば，'sleep 5 ; echo $'a'' とすると，'sleep 5' によって 5 秒間経過したあと，echo が，ベルを鳴らすことを意味する文字コードである「ベル文字（ベルコード）」を出力するため，ベルが鳴ります．

†2 フォアグラウンドのプロセスをバックグラウンドに切り替えると，標準入力が開放されるので，シェルがコマンドを受け付けることができるようになります．

　フォアグラウンドのプロセスは，Ctrl-c[†1] で終了させることができますが，バックグラウンドで実行されているプロセス（ジョブ）は Ctrl-c で終了させることができないため，代わりに kill コマンドを使用します．

　kill は，フォアグラウンドのプロセスも，バックグラウンドのプロセスも終了させることができます．

> kill ［オプション］　プロセス ID もしくは %ジョブ番号

　実際に，プロセスやジョブを終了させてみましょう．

プロセス ID を指定してのプロセスの終了

```
$ sleep 60 &
$ ps
PID TTY    TIME     CMD
100 pts/5 00:00:00 sleep  ← プロセス ID 100
$ kill 100  ← 100 を指定して kill
```

ジョブ番号を指定してのプロセスの終了

```
$ sleep 60 &
$ jobs
[1]+ 実行中 sleep 60 &  ← ジョブ番号 1
$ kill %1  ← 1 を指定して kill
```

　フォアグラウンドで動作しているプロセスをバックグラウンドに切り替えたり，また，逆に，バックグラウンドで動作しているプロセスをフォアグラウンドに切り替えたりする方法があります．

　まずは，フォアグラウンドで動作しているジョブを，バックグラウンドへ切り替える方法を説明しましょう．

▪ フォアグラウンドジョブをバックグラウンドとする

　プロセスがフォアグラウンドで動作している場合，シェルにコマンドは受け付けてもらえません．そこで，まずは，フォアグラウンドで動いているジョブに割り込みをかけて，一時ジョブを停止させます．「停止」は「中断」とは異なり，再開することができます．

　フォアグラウンドで動いているジョブを停止させるには，Ctrl-z を押します．また，停止しているジョブをバックグラウンドとして再開させるコマンドは，bg です．

---

†1　Ctrl を押しながら c を押すことを表します．

```
bg ［ジョブ番号］
```

　ジョブ番号を省略した場合には，最後にフォアグラウンドで動いていたジョブが対象となります．この「最後にフォアグラウンドで動いていたジョブ」を，**カレントジョ**ブといいます．

　以下に，フォアグラウンドで起動したジョブを停止させ，その後，バックグラウンドで再開させるときの例を示します．

フォアグラウンドジョブをバックグラウンドとする

```
$ sleep 60  ← フォアグラウンドで実行
Ctrl-z  ← Ctrl+z を入力
[2]+ 停止 sleep 60
$ bg 2
[2]+ sleep 60 &
```

■ **バックグラウンドジョブをフォアグラウンドとする**

　フォアグラウンドで動いているジョブがないときに，バックグラウンドで動いているジョブをフォアグラウンドにする方法を説明しましょう．

　ジョブをフォアグラウンドとするコマンドは，fg です．

```
fg ［ジョブ番号］
```

　bg コマンドと同様に，ジョブ番号を省略した場合には，最後にフォアグラウンドで動いていたジョブ（カレントジョブ）が対象となります．

　以下に，バックグラウンドで起動したジョブを，フォアグラウンドとするときの例を示します．

バックグラウンドジョブをフォアグラウンドとする

```
$ sleep 60 &  ← バックグラウンドで実行
[2] 19760
$ fg 2
sleep 60  ← フォアグラウンドで実行され，60 秒間入力を受け付けない
```

　この例では，'sleep 60 &' はバックグラウンドジョブとして開始されているので，このジョブを停止させることなく，fg が実行できることに注意しましょう．

　また，fg の実行後には，'sleep' がフォアグラウンドジョブとして動くため，シェルがプロンプト ($) を出力せず，また，その後，標準入力を受け付けなくなることに

注意しましょう．

　さて，上記の例では，バックグラウンドジョブとして動作中のプロセスを fg でフォアグラウンドとしましたが，fg には，停止中のジョブをフォアグラウンドとして再開させるはたらきもあります．

　つまり，フォアグラウンドジョブであろうがバックグラウンドジョブであろうが，また，それが動作中であろうが停止中であろうが，fg を使うことで，指定したジョブをフォアグラウンドとして動作中の状態にすることができます．

　同様のことが bg についても当てはまり，フォアグラウンドジョブであろうがバックグラウンドジョブであろうが，また，それが動作中であろうが停止中であろうが，bg を使うことで，指定したジョブをバックグラウンドとして動作中の状態にすることができます．

　ただし，フォアグラウンドジョブが存在している場合，bg を実行したくてもできない状況であるため，先ほどの例のように，フォアグラウンドジョブをいったん停止させてから bg を実行する必要があります．

3.2.4 | シグナル

　前項で，フォアグランドで動いているジョブがあるときに，Ctrl-c で中断，Ctrl-z で停止ができることを説明しました．

　実は，これらのキー入力を行うと，フォアグラウンドプロセスに**シグナル**が送られます．

　少し難しい話となりますが，シグナルとは，プロセスに対するソフトウェア割り込みです．ソフトウェア割り込みが発生すると，割り込みをされたプロセスは，このシグナルに従った動作を行います．

　実は，kill コマンドは，Ctrl-c や，Ctrl-z といったキーボード操作で行われるシグナルの送信を，キーボード操作でなく，コマンドとして送信しています．

　Ctrl-c や，Ctrl-z といったキーボードへの操作は，それぞれプロセスに送られるシグナルが異なります．このシグナルの違いが，「中断」や「停止」といった違いにつながってきます．

　kill をオプションを指定せずに実行した場合には，指定したジョブやプロセスに対して，終了を求めるシグナル 'TERM' が送られます．そのために，指定したジョブやプロセスを終了することができました．

　kill では，オプションで指定することで，'TERM' シグナル以外のシグナルも送ることができます．詳細については，'man 7 signal' として，シグナルについてのマ

ニュアルを見るとよいでしょう[†1].

実 習 3-4 xeyes コマンドは，2 つの目玉の視線がカーソルの位置を追いかけるウインドウが起動し，また，xlcock コマンドでは，時計を表示するウインドウが起動する．
(1) xeyes と xlcock をバックグラウンドとして起動してみよう．
(2) (1) に続き，jobs コマンドで，xeyes と xlcock のジョブ番号を確認してみよう．
(3) fg コマンドと Ctrl-c を使って，xeyes を終了してみよう．

---

†1 'man 7 signal' の '7' は，マニュアルの 7 章の中から，'signal' を参照することを意味しています．これは，マニュアルの 6 章以前に，名称が signal という別の項目があり，そちらが表示されることを避けるためです．

4

エディタ

　エディタは，プログラムの作成・編集に使用するソフトウェアです．また，さまざまなソフトウェアや，UNIX 自体の設定情報が記述されている設定ファイルの記述・編集にも使われます．いわば，紙に文字を書くときに必要となる鉛筆やペンといった筆記具に相当します．

　本章では，プログラマやシステム管理者に広く使われている vi と Emacs の 2 つのエディタをとりあげます．それぞれ特徴があり，長所，短所があります．そのため，どちらのエディタに対しても，基本的な操作方法を習得しておくことが望ましいのですが，まずは，どちらか 1 つのエディタでよいので，ストレスなくファイルの記述・編集が行えるようになりましょう．

4.1　vi (Vim)

　Vim とは，Unix 系 OS の多くに標準搭載されているエディタで，システム管理などの際にテキストファイルの編集を行うツールとしてよく使われています．Vim は，vi という UNIX 環境で古くから使われているテキストエディタの改良版です．CUIで動作するため，マウスを使わず，キーボードのみであらゆる操作を行うことができます．GUI でマウスによる操作を行うことができる GVim（ジーヴィム）もありますが，以下では，まず CUI 版の Vim について説明します．

4.1.1　基本操作
　Vim によるテキストファイル編集の一連の流れを説明しましょう．

■ 起　動
　Vim は，以下の vi コマンドを実行することで利用を開始できます．

```
vi ［ファイル名］
```

［ファイル名］の部分には，編集を行いたいファイルを指定します．また，新たに
ファイルを作る場合には，ファイルに付ける名前を指定します．新たにファイルを作
成する場合は，保存の操作をした時点で，新しいファイルが作成されます．また，ファ
イル名を指定しなかった場合は，新しいファイルの編集画面となり，あとでファイル
名を指定して保存することができます．

■ モード切替と文字入力

Vim では，図 4.1 のように，主に 3 つのモードが用意されています．起動直後は，
画面下部のコマンドラインに，ファイル操作・終了，コピー・ペースト，検索・置換
などのコマンドを入力することができる**ノーマルモード**となっています（図 4.2）．

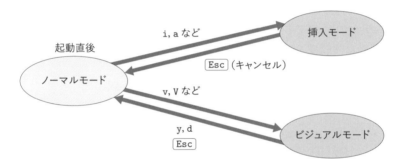

図 4.1　Vim における主なモード

図 4.2　Vim におけるコマンドライン

ノーマルモードは，**コマンドモード**ともよばれます．文字を入力するときは**挿入モー
ド**，コピーなどのために文字列を選択するときは**ビジュアルモード**に切り替えます（詳
細は 4.1.2 項）．挿入モードは，**入力モード**ともよばれています．

GUI で動作する一般的なテキストエディタとは異なり，Vim では，起動直後のノー

マルモードでは，テキストファイルに対して文字を入力することはできないので注意
してください．

　文字を入力するには，表 4.1 の操作により，挿入モードに切り替えます．たとえば，
'i' を入力して切り替えた場合は，カーソル位置に，入力された文字が挿入されます．
'a' を入力して切り替えると，カーソルが 1 文字分右にずれるため，切り替え時点での
カーソル位置の右に，入力された文字が挿入されることになります．

表 4.1　挿入モード移行の操作方法

操　作	機　能
i	カーソル位置から挿入モードを開始
a	カーソル位置の 1 文字右から挿入モードを開始
I	行頭から挿入モードを開始
A	行末から挿入モードを開始

　挿入モードでは，文字の入力だけでなく，カーソルキーによるカーソルの移動や，
Del キーによる文字の削除を行うことができます．

　挿入モードになっているときは，左下に 'INSERT' と表示されます．この状態で Esc
キーを押すと，INSERT の文字が消えて，ノーマルモードに戻ります．

▪ **ファイルの保存と終了**

　ノーマルモードで，':wq' というコマンドを入力して Enter を押すと，ファイルを
上書き保存（起動時に指定したファイルが存在しない場合は作成）して，Vim を終了
することができます．ファイル操作・終了に関するコマンドとしてよく使われるもの
を，表 4.2 に示します．

表 4.2　ファイル操作・終了に関するコマンド

操　作	機　能
:wq Enter	ファイルを上書き保存して終了
:w Enter	ファイルを上書き保存（終了はしない）
:w ファイル名 Enter	名前を付けてファイルを保存（終了はしない）
:q Enter	終了（ファイルを保存していない場合は終了できない）
:q! Enter	ファイルを保存せずに終了（変更は破棄される）

実 習　**4-1**　Vim（CUI版）を起動して，テキストファイルを作成してみよう（ファイル名やファイルの内容は，任意に決める）．作成したテキストファイルを保存してVimを終了したあと，`ls`や`cat`コマンドを用いて，テキストファイルが作成されていることを確認してみよう．

4.1.2 │ コピー・ペースト

　Vimでは，コピーやペーストの操作を行うには，**レジスタ**を使用します．レジスタは文字列を記憶する領域で，Windows等におけるクリップボードに相当します．

■ 無名レジスタを使用したコピー・ペースト

　表4.3に示す操作により，レジスタへの文字列のコピー，レジスタからのペースト（貼り付け）を行うことができます．たとえば，dogという単語にカーソルを移動させて 'yw' と入力することによりレジスタへコピーし，ほかの場所にカーソルを移動させて 'p' と入力すると，dogという単語が貼り付けられます（**図4.3**）．

　表4.3に示したとおり，レジスタに文字列を入れるのと同時に，文字列を削除するカット（切り取り）を行うこともできます．たとえば，'3dd' と入力すると，カーソルがある行以下の3行をレジスタに入れて削除することができます（**図4.4**）．

表4.3　コピー・ペースト等の操作方法

操　作	機　能
yy	カーソルがある行全体をコピー
yw	カーソル位置にある単語をコピー
y$	カーソル位置から行末までをコピー
行数 yy	カーソルがある行以下の複数行をコピー（例：3yy）
x	カーソル位置にある文字をカット
dd	カーソルがある行全体をカット
dw	カーソル位置にある単語をカット
d$	カーソル位置から行末までをカット
行数 dd	カーソルがある行以下の複数行をカット（例：3dd）
p	ペースト

レジスタへのコピー

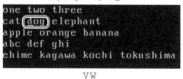

図4.3　無名レジスタを使用したコピー・ペーストの例

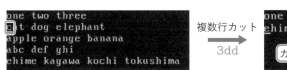

図 4.4 複数行カットの例

▪ 名前付きレジスタを使用したコピー・ペースト

　レジスタは，デフォルトで使用される無名レジスタのほかに，26 個の名前付きレジスタがあり，a〜z のアルファベットの名前で識別されます．コピー・ペースト等の操作の前に，'"[アルファベット]' と入力することで，名前付きレジスタを使用することができます．名前付きレジスタの使用を指定せずにコピー・ペースト等の操作を行った場合は，無名レジスタが使われます．名前付きレジスタを指定して文字列をコピーまたはカットをした場合は，無名レジスタにもその文字列が入ります．つまり，名前付きレジスタの使用を指定せずにペーストをした場合は，最後にコピーまたはカットをした文字列が貼り付けられるということです．

　たとえば，図 4.5 に示すように，'"ayy' でカーソルがある行全体（ここでは 'one two three'）をレジスタ a にコピーし，'"byy' で，別の文字列 'abc def ghi' をレジスタ b にコピーしたあと，'"ap' でレジスタ a の内容をペーストすると，文字列 'one two three' が貼り付けられます．その後，'p' で無名レジスタの内容をペーストすると，最後にコピーした文字列である 'abc def ghi' が貼り付けられます．

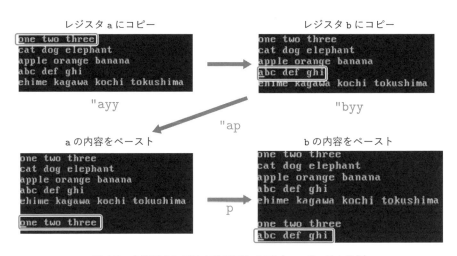

図 4.5 名前付きレジスタを使用したコピー・ペーストの例

- **ビジュアルモードによる文字列の選択**

　ここまではノーマルモードでコピーなどの操作を行ってきましたが，図 4.1 で示したとおり，柔軟に文字列の選択を行うことができるビジュアルモードも用意されています．ノーマルモードにおいて**表 4.4** の操作を行うと，ビジュアルモードに移行して，文字単位，行単位，あるいは矩形で，文字列を選択することができます．**図 4.6** に，矩形で文字列を選択して，コピー・ペーストを行った例を示します．

表 4.4　ビジュアルモード移行の操作方法

操　作	機　能
v	文字単位で選択するビジュアルモードに移行
V	行単位で選択するビジュアルモードに移行
Ctrl-v	矩形で選択するビジュアルモードに移行

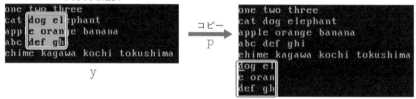

図 4.6　ビジュアルモード（矩形選択）を使用したコピー・ペーストの例

　文字単位，行単位，矩形で選択するビジュアルモードになっているときは，画面の左下に，それぞれ 'VISUAL'，'VISUAL LINE'，'VISUAL BLOCK' と表示されます．文字列を選択した後は，'y' でコピー，'d' でカットを行うことができます．これらの操作を行うと，'VISUAL' などの文字が消えて，ノーマルモードに戻ります．なお，Esc を押すと，文字列の選択をキャンセルして，ノーマルモードに戻ることができます．

実　習	4-2	本項で説明したコピー・ペースト等の操作を，ひととおり試してみよう（名前付きレジスタも使用してみること）．また，ビジュアルモードで文字列を選択して，コピー・ペーストしてみよう．

4.1.3 検索・置換

　文字列の検索・置換を行うには，ノーマルモードで**表 4.5** の操作を行います．

　たとえば，**図 4.7** のように，'/apple' と入力して Enter を押すと，apple という文字列を，カーソル位置から下方向に検索することができます．その後，'/' と入力すると，前回と同じ文字列（ここでは apple）を，さらに下方向に検索することができ

表 4.5 検索・置換の操作方法

操 作	機 能
/[検索する文字列] [Enter]	指定した文字列を下方向に検索（文字列を省略したときは，直前と同じ文字列を検索）
?[検索する文字列] [Enter]	指定した文字列を上方向に検索（文字列を省略したときは，直前と同じ文字列を検索）
*	カーソル位置にある単語を下方向に検索
#	カーソル位置にある単語を上方向に検索
n	前回行った文字列を同一方向でさらに検索
N	前回行った文字列を逆方向でさらに検索
:s/置換前の文字列/置換後の文字列/ [Enter]	テキスト中の文字列を置換

図 4.7 文字列検索の例

ます．また，'?'と入力すると，上方向に検索することができます．

'?banana'と入力して [Enter] を押すと，banana という文字列を，カーソル位置から上方向に検索することができます．その後，'?'と入力すると上方向に，'/'と入力すると下方向に検索を続けることができます．

ほかにも，'n' は，直前に行った検索と同じ文字列を，同じ方向で次の箇所を検索します．一方 'N' は，'n' と異なり，直前の検索方向とは逆の方向に検索します．つまり，直前の検索が '/' を使った下方検索であれば，'n' は下方検索，'N' は上方検索となり，直前の検索が '?' を使った上方検索であれば，'n' は上方検索，'N' は下方検索となります．

なお，検索する文字列の先頭に '\ v' を付けると，grep コマンドで利用できるものとほぼ同じ正規表現（付録 B 参照）を使うこともできます．

4.1.4 | GVim

CUI で操作するもの以外に，GUI 環境での操作性を高めた Vim も存在します．この Vim の GUI 版は **GVim** とよばれ，以下のコマンドで起動して使うことができます．

```
gvim ［ファイル名］
```

GVim では，カーソルの移動，画面のスクロール，文字列の選択などを，マウスを用いて行うことができます．CUI 版 Vim にある機能は，同じ操作方法で GVim でも使うことができます（**図 4.8**）.

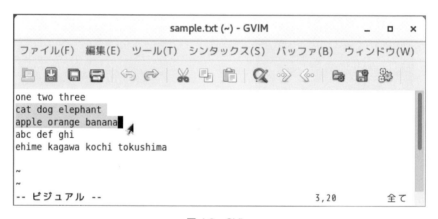

図 4.8 GVim

実 習　**4-3** 4.1.3 項で説明した検索・置換の操作を，ひととおり試してみよう．

　　　4-4 GUI 環境で GVim を起動し，マウスを用いてカーソルの移動，画面のスクロール，文字列の選択を行ってみよう．また，キーボードによる操作が，CUI 版 Vim と同様に行えることを確認しよう．

4.2 Emacs

Emacs は，Richard M. Stallman らが開発したエディタです．Emacs は，プログラム作成や文書編集に用いることができるうえ，効率的な作業を支援する便利な機能が多数そろっています．また，Emacs Lisp とよばれる独自言語を用いることで，利用者自身で，背景色や文字色といった Emacs のデザインをカスタマイズしたり，自動補完といった便利な機能を拡張することができます．

4.2.1 Emacs の画面構成

図 4.9 に，起動後の Emacs の画面構成を示します．ふきだしで示しているとおり，Emacs の画面は大きく分けて，**カーソル**，**バッファ**，**モードライン**，**ミニバッファ**の 4 つの部分から構成されています．また，Emacs は CUI だけでなく，X Window 上では GUI で操作することもできます．

- **バッファ**：Emacs では，編集操作ごとに，ディスク上にあるファイルを直接編集するのではなく，バッファとよばれるメモリ領域に読み込まれた複製に対して編集を行います．既存のファイルを編集する際には，対象ファイルの内容がバッファに読み込まれます．また，新たなファイルを作成する場合には，最初は何も入っていない，空っぽのバッファが用意されます．ユーザがキーボードから入力したデータは，まず，カーソルの位置に応じてバッファに表示されます．また，削除といった操作も，カーソルの位置に応じて，バッファ内のデータに対して行われます．これによって，バッファ上で文字の追加・削除といった編集作業が可能となります．バッファ上で編集したデータは，後述の保存操作を用いることでファイルに保存されます．

- **モードライン**：画面下部に灰色で表示された行はモードラインとよばれ，現在のバッファの状態が表示されています．
  - 'U' の部分はファイルの文字コードを示しています．'U' はファイルの文字コードが Unicode となっていることを表しています．ほかにも EUC コードを表す 'E'，JIS 漢字コードを表す 'J'，Shift-JIS 漢字コードを表す 'S' があります．
  - '---' は，現在開いているバッファの変更状態を示しています．この部分は，ファイルが未編集の場合，'---' となります．変更すると '**-' となります．書き込みができない編集不可の状態のときは '%%-' となります．

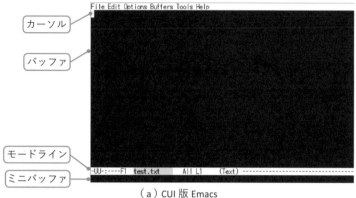

（a）CUI 版 Emacs

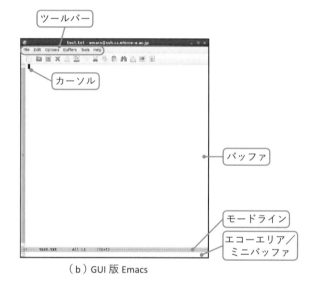

（b）GUI 版 Emacs

図 4.9　Emacs の起動画面

- 'test.txt' の部分は，バッファにコピーが移されているファイルの名前を表しています.
- 'All L1' の部分は，表示されている範囲の全体に対する割合と，カーソルがある行番号を示しています.'All' の場合，バッファの内容は画面上にすべて表示されています.'15%' のようなパーセンテージ表示の場合，表示されている範囲が全体の何%であるかを表しています.'L1' は，1 行目にカーソルがあることを表しています.また，ここに 'Bot' と表示される場合は，カーソルがバッファの最終行にあることを表しています.

– 'Text' は，バッファのモードと文字の入力モードを示しています．
- **エコーエリア／ミニバッファ**：モードラインより下部に設置された領域をエコーエリア，あるいはミニバッファとよびます．エコーエリアでは，Emacs からのメッセージや問い合わせを，ユーザに対して表示します．また，バッファ上で編集するファイル名を指定したり，バッファ上のデータを保存するファイル名を指定したり，バッファ内の文字列検索の際に検索したい文字列を入力したりするなど，ユーザが Emacs に対してさまざまなコマンドを入力するためにも使用されます．

4.2.2 | 基本操作

▪ 起動と終了

CUI 版の Emacs を起動したいときには，ターミナルで以下のコマンドを入力します（GUI 版 Emacs の起動方法は後述します）．

```
emacs -nw [ファイル名]
```

ファイル名をとくに指定せずに Emacs を起動したときは，起動直後にバッファ領域にバージョン情報やチュートリアルに関する情報が表示されますが，これらの情報は，新たにファイルを開くなどすると消えます．

また，Emacs を終了したいときには，キーボードから C-x C-c を入力します[†1]．このとき，バッファ上で編集したファイルがすでに保存されていれば，Emacs は直ちに終了します．保存されていない場合は，編集内容をファイルに保存するかどうか Emacs がミニバッファ上で尋ねてくるので，保存する場合は y を入力しましょう．

▪ ファイルオープン

Emacs が起動した状態から，新たに編集したいファイルを開きたいときには，C-x C-f を入力します．すると，ミニバッファに 'Find file:' と表示されるので，編集したいファイルを絶対パスもしくは相対パスで指定して Enter を入力すると，バッファ上にファイルのデータが表示されます．

---

†1 ここで，C-x とは Ctrl キーを押しながら x キーを押すことを表しています．すなわち，C-x C-c とは Ctrl を押しながら x を押したあと，Ctrl を押しながら c を押すことを表しています．ほかの章や節では，たとえば C-x を Ctrl-x といった表記にしていますが，ここでは，Emacs での標準的な表記法である C-x として記述しています．

▪ バッファの保存

バッファ上で編集したデータをファイルに上書き保存したいときには，キーボードから [C-x] [C-s] と入力します．また，バッファ上のデータを異なるファイルとして保存したいときには，[C-x] [C-w] と入力しましょう．すると，ミニバッファにカーソルが移動して 'Write file:' と表示されます．このとき，ミニバッファ上で所望のファイル名を入力することで，新しいファイルとしてバッファ上のデータが保存されます．

Emacs ではバッファを分割するなどして，複数のファイルを同時に編集することもできます．このとき，すべてのバッファ上の変更済みデータを一度にファイルに保存したい場合は，[C-x] [s] と入力します．

終了，ファイルのオープン，バッファの保存に関するコマンドを，**表4.6** にまとめています．

表4.6 基本操作に関するコマンド

コマンド	Emacs 上での動作
[C-x] [C-s]	バッファをファイルに保存
[C-x] [C-w]	ファイル名を指定してバッファを保存
[C-x] [s]	変更したすべてのバッファを保存
[C-x] [C-f] ファイルパス [Enter]	ファイルを開く
[C-x] [C-c]	Emacs を閉じる

4.2.3 編集操作

▪ 文字入力・削除

キーボードから入力された文字は，バッファ内のカーソルの位置に挿入されます．また，挿入された文字数分だけ，カーソルはバッファ上で右方向に移動します．また，改行をしたいときには [Enter] を入力することで，カーソルが次の行の先頭に移動します．

入力した文字を削除したいときには，[Del] あるいは [BackSpace] を入力することで，カーソルのすぐ左にある1文字が削除されます．カーソル上の文字を削除したいときには [C-d] と入力します．また，カーソル位置から行末までの文字を一度に削除したいときには [C-k] と入力します．このとき，もう一度 [C-k] と入力することで，改行文字も削除して次の行を連結します．

単語ごとにバッファ上の文字列を削除したいときは M-d [†1], あるいは M-BackSpace と入力します. M-d と入力したときはカーソルの位置以降にある単語を削除し, M-BackSpace と入力したときはカーソル直前の単語を削除できます. **表 4.7** に, これら削除操作に関するコマンドを列挙します.

表 4.7　削除操作に関するコマンド

コマンド	Emacs 上での動作
Del または BackSpace	カーソルのすぐ左の 1 文字を削除
C-d	カーソル上の文字を削除
C-k	カーソル位置の文字から行末までを削除
M-d	カーソル以降の単語を削除
M-BackSpace	カーソル直前の単語を削除

▪ カーソルの移動

バッファ上のカーソルを動かしたいときには, キーボードの十字キー, マウス, またはコマンドを利用することができます. **表 4.8** に, カーソル操作に関するコマンドを列挙します. ここで, 'b' は backward, 'f' は forward, 'p' は previous, 'n' は next, 'a' はアルファベットの 1 番目 (すなわち最初), 'e' は end を表しています. コマンドに付随するアルファベットの意味はカーソルを操作するときの参考になるので, 覚えておくとよいでしょう.

表 4.8　カーソル移動に関する基本コマンド

コマンド	カーソルの動き	コマンド	カーソルの動き
C-b	左に移動	C-f	右に移動
C-p	上に移動	C-n	下に移動
C-a	行の先頭に移動	C-e	行の末尾に移動

また, 単語単位, 文単位でカーソルを移動したいとき, 指定した位置へカーソルを一度に移動したいときは, **表 4.9** に示すコマンドを入力します. たとえば, 指定した行に移動したいときには, M-x を入力します. このとき, ミニバッファには M-x と表示されるため, 続けてキーボードから 'goto-line' と入力して Enter を押します. ミニバッファ上には Goto line:と表示されるため, 続けてキーボードから移動したい行番号を入力して Enter を押すことで, 指定した行にカーソルを移動することが

---

†1　M- は, Esc を押しながら, その後に続く記号のキーを押すことを意味します. たとえば, M-d は Esc を押しながら d を押すことを意味します.

表 4.9　単語・文単位でのカーソル移動，および指定位置へのカーソル移動に関するコマンド

コマンド	カーソルの動き
M-b	左の単語に移動
M-f	右の単語に移動
M-a	段落の先頭に移動
M-e	段落の末尾に移動
M-x goto-line Enter 行番号 Enter	ミニバッファで指定した行へ移動
M-x goto-char Enter 文字番号 Enter	ミニバッファで指定した文字位置へ移動

できます．

▪ 日本語入力

　Emacs で日本語文書を作成したいときには，コマンドを入力することで Emacs を
ローマ字かな入力モードに変更する必要があります．

　ローマ字かな入力モードに変更するためには C-\ を入力します．ローマ字かな入
力モードで C-\ を入力すると，元の半角英数字の入力モードに変わります． C-\
は，入力ごとに切り替わる，いわゆるトグルスイッチとなっています．

　Emacs がローマ字かな入力モードに切り替わると，モードラインが図 4.10 のよう
に表示されます．本書では，広く普及している egg とよばれる日本語変換システムの
利用を想定しています．

「あ」が表示される

図 4.10　日本語入力モード時のモードライン

　まずは，図 4.11 のように，適当な日本語の文章をローマ字入力でバッファに書き込
んでみましょう．

図 4.11　日本語入力（ローマ字入力）

　入力した日本語文字列を漢字に変換したいときには， Space を入力します．たと
えば， Space を 1 回入力すると図 4.12 のようになります．

　このとき，所望の漢字に変換されなかった場合は，もう一度 Space を入力するこ

図 4.12　日本語入力（漢字変換）

とで，図 4.13 のように変換候補がミニバッファに表示されます．このとき，変換候補を選択するときには，`Space` を繰り返し入力するか，`C-n`（次変換候補）および`C-p`（前変換候補）コマンドを，所望の漢字に到達するまで入力します．所望の漢字を選択したあとは，キーボードから `C-f`（前方移動）あるいは `C-b`（後方移動）を入力して，次の文節を漢字に変換することができます．

図 4.13　日本語入力（変換候補の表示）

　ある文節を漢字に変換したいとき，図 4.14 のように，egg が文節を正しく認識できない場合があります．このとき，文節の幅を調整して正しい漢字に変換したいときには，キーボードから `C-i` もしくは `C-o` を入力します．変換対象となる文節の幅を狭めたいときは `C-i` を，文節の幅を広げたいときには `C-o` を入力します．

　以上の手順を，入力した日本語文字列全体に対して繰り返し実行したあと，最後に`Enter` を入力することで，変換を確定します（図 4.15）．ローマ字かな入力を終了

図 4.14　日本語入力（文節の調整）

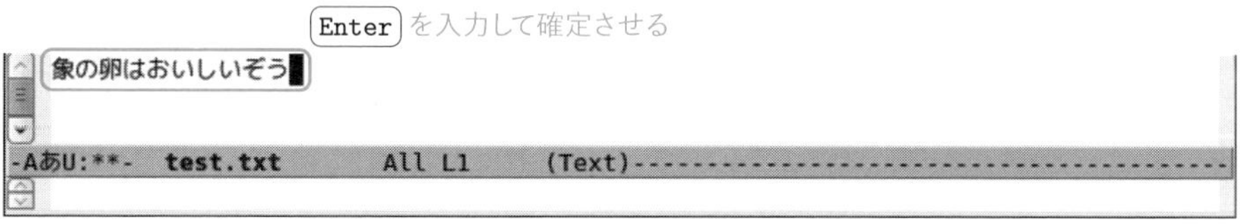

図 4.15　日本語入力（変換の確定）

したいときには，先に述べたように C-\ を再度入力しましょう．

■ 領域ごとのテキスト編集

　文書作成においては，複数の行にまたがった文字列を削除したり，コピーして移動
したりすることがあります．この作業を Emacs で行いたいときには，まず，編集した
いテキストの領域を選択します．

　テキスト領域を選択するときには，その領域の先頭にカーソルを移動させて， C-@
または C-Space を入力します．すると，その箇所が**マーク**として Emacs に記憶さ
れ，ミニバッファには 'Mark set' と表示されます．マークを設定すると，**表 4.10** の
コマンドを用いることで，マークの位置を基準に，さまざまな操作を行うことができ
ます．一度マークを設定すると，異なる場所にマークを設定するまで有効です．

表 4.10　領域指定と領域内のテキスト編集に関するコマンド

コマンド	Emacs 上での動作
C-@	マークの設定
C-w	設定されたマークからカーソル位置まで削除して kill-ring に格納
M-w	設定されたマークからカーソル位置まで削除せず kill-ring に格納
C-y	kill-ring に格納された文字列の取り出し

- **領域内のテキストの削除**：ある領域内のテキストをすべて削除したいときには，
  C-@ コマンドを入力して領域の先頭を指定したあと，削除したい領域の最後の
  文字にカーソルを移動させて，キーボードから C-w を入力します．
- **領域内のテキストの移動**：領域内のテキストを異なる場所に移動することもでき
  ます．領域内の文字列を移動したいときには，まず，前述の方法で対象領域の文
  字を削除します．このとき， C-w を入力して削除した文字は，Emacs の内部の
  kill-ring とよばれる領域に順次保存されます．その後，テキストを移動したい位
  置にカーソルを合わせて C-y と入力することで，kill-ring に格納された文字列
  を取り出して，テキストを移動させることができます．

　　また，kill-ring には複数回前に削除したテキストも保持されています．たとえ
ば，2 回前に削除したテキストを取り出したいときは C-y M-y，3 回前に削除
したテキストを取り出したいときは C-y M-y M-y のように， M-y を繰り返
し入力することで，以前に削除したテキストを異なる位置に貼り付けることがで
きます． M-y は， C-y か M-y の直後にだけ使うことができます． M-y は直
前の C-y や M-y で挿入されたテキストを，そのテキストの前に削除したテキ

ストに置き換えます.

● **領域内のテキストの複写**：テキストを異なる場所に複写したいときには，対象の領域を，テキストを削除せずに kill-ring に格納する必要があります．まず，複写したいテキスト領域の先頭で C-@ を入力してマークを設定したあと，領域の最後の位置で M-w と入力します． C-w を入力した場合とは異なり，対象領域のテキストは削除されることなく，kill-ring に格納されます．続けてテキストを複写したい位置にカーソルを移動して C-y を入力して，kill-ring からテキストを取り出します.

▪ 操作の取り消し（アンドゥ）

Emacs で文書を作成していると，コマンド入力を間違えて文字を削除してしまったり，異なる位置に文章を移動してしまったりすることがあります．誤った直前の操作を取り消したいときは， C-_ もしくは C-x u を入力しましょう．また，複数回前の操作まで取り消したいときは， C-_ もしくは C-x u を繰り返し入力します.

実 習 4-5 CUI 版 Emacs を起動して，文書ファイルを作成・保存してみよう．カーソルの移動なども，キーボードを使用せずに，コマンドを用いること.

4.2.4 検索・置換

プログラムや文書ファイルの規模が膨大になったときの作業や設定ファイルの編集

表 4.11 文字列検索および文字列置換に関するコマンド

コマンド	Emacs 上での動作
C-s 検索文字列	後方検索 （インクリメンタル検索）
C-r 検索文字列	前方検索 （インクリメンタル検索）
C-s Enter 検索文字列 Enter	後方検索 （非インクリメンタル検索）
C-r Enter 検索文字列 Enter	前方検索 （非インクリメンタル検索）
M-x replace-string Enter 置換対象文字列 Enter 置換後文字列 Enter	一括置換
M-x query-replace Enter 置換対象文字列 Enter 置換後文字列 Enter	逐次置換

では，文字列の検索や置き換えができると便利です．Emacs では，ミニバッファを通
して文字列検索や置換が可能です．**表 4.11** は，検索と置換に関するコマンドです．以
下に，検索と置換の方法を説明します．

▪ 文字列検索

Emacs の文字列検索では，インクリメンタル検索と非インクリメンタル検索が利用
できます．インクリメンタル検索とは，検索対象となる文字ひとつひとつが入力され
るたびに，マッチする文字列を順次検索する機能です．現在のカーソル位置からファ
イルの末尾に向かってインクリメンタル検索を用いて文字列を検索したいときには，
C-s と入力します．すると，ミニバッファに 'I-search' と表示されるので，検索し
たい文字列を入力します．このとき，1 文字入力するごとに，バッファ内でマッチす
る文字列が順次検索されます．

たとえば，**図 4.16** では，Emacs 上で Web サーバに関する設定が記載された設定
ファイル /etc/httpd/conf/httpd.conf を開いており，設定ファイル内から error
という単語を検索したいとします．まず最初に 'e' と入力したとき，続けて 'err' まで
入力したとき，さらに続けて 'error' と入力したとき，それぞれにマッチする文字列
が背景色を変更することで強調されていることがわかります．
C-s はファイルの末尾に向けての検索を行いますが，現在のカーソル位置からファ
イルの先頭に向かってインクリメンタル検索を用いて文字列を検索したいときには，
C-r を入力します．

しかし，バッファに含まれるテキストが非常に多い場合や，検索したい文字列が長
いときにインクリメンタル検索を用いると，検索結果を閲覧できるまで時間を要しま
す．このときは，検索したい文字列をすべて入力してから検索を始める非インクリメ
ンタル検索を利用します．非インクリメンタル検索を利用したいときには，C-s を
入力してから Enter を入力します．このとき，ミニバッファに 'Search:' と表示さ
れるので，検索したい文字列をすべて入力したあと，Enter を押すことで検索を開
始します．

▪ 文字列置換

バッファ内のある文字列を異なる文字列に置き換えたいときは，バッファ内で対象
の文字列とマッチするすべての文字列を一度に置換する方法と，ひとつひとつ置換す
るかどうか確認しながら置換する方法が利用できます．

一括してマッチした文字列を異なる文字列に置換したいときには，まず，カーソル
をバッファの先頭に移動して M-x と入力したあと，'replace-string' と入力して
Enter を押すと，ミニバッファに 'Replace string:' と表示されます．このとき，

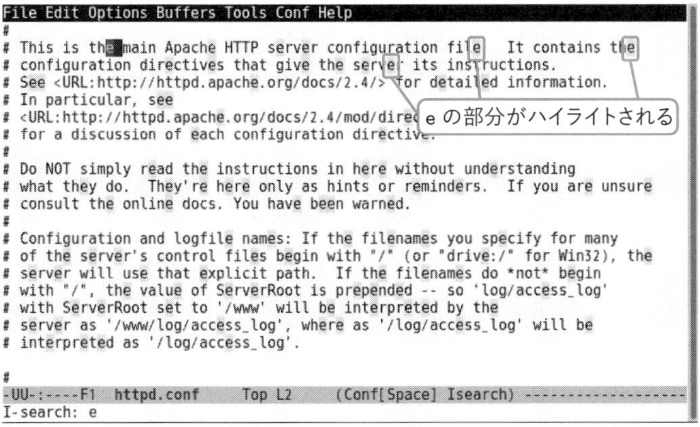

```
File Edit Options Buffers Tools Conf Help
#
# This is the main Apache HTTP server configuration file.  It contains the
# configuration directives that give the server its instructions.
# See <URL:http:http://httpd.apache.org/docs/2.4/> for detailed information.
# In particular, see
# <URL:http://httpd.apache.org/docs/2.4/mod/dire   e の部分がハイライトされる
# for a discussion of each configuration directive.
#
# Do NOT simply read the instructions in here without understanding
# what they do.  They're here only as hints or reminders.  If you are unsure
# consult the online docs. You have been warned.
#
# Configuration and logfile names: If the filenames you specify for many
# of the server's control files begin with "/" (or "drive:/" for Win32), the
# server will use that explicit path.  If the filenames do *not* begin
# with "/", the value of ServerRoot is prepended -- so 'log/access_log'
# with ServerRoot set to '/www' will be interpreted by the
# server as '/www/log/access_log', where as '/log/access_log' will be
# interpreted as '/log/access_log'.
#
-UU-:----F1  httpd.conf    Top L2     (Conf[Space] Isearch) -------------------
I-search: e
```

（a）e と入力したとき

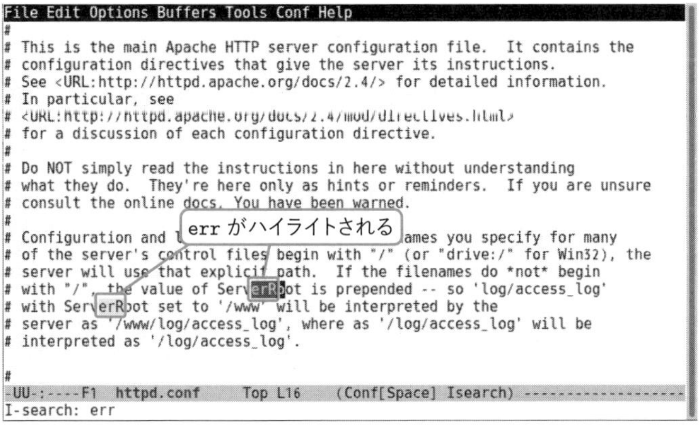

```
File Edit Options Buffers Tools Conf Help
#
# This is the main Apache HTTP server configuration file.  It contains the
# configuration directives that give the server its instructions.
# See <URL:http://httpd.apache.org/docs/2.4/> for detailed information.
# In particular, see
# <URL:http://httpd.apache.org/docs/2.4/mod/directives.html>
# for a discussion of each configuration directive.
#
# Do NOT simply read the instructions in here without understanding
# what they do.  They're here only as hints or reminders.  If you are unsure
# consult the online docs. You have been warned.
#
# Configuration and    err がハイライトされる    ames you specify for many
# of the server's control files begin with "/" (or "drive:/" for Win32), the
# server will use that explicit path.  If the filenames do *not* begin
# with "/", the value of ServerRoot is prepended -- so 'log/access_log'
# with ServerRoot set to '/www' will be interpreted by the
# server as '/www/log/access_log', where as '/log/access_log' will be
# interpreted as '/log/access_log'.
#
-UU-:----F1  httpd.conf    Top L16    (Conf[Space] Isearch) -------------------
I-search: err
```

（b）err と入力したとき

```
File Edit Options Buffers Tools Conf Help
# Configuration and logfile names: If the filenames you specify for many
# of the server's control files begin with "/" (or "drive:/" for Win32), the
# server will use that explicit path.  If the filenames do *not* begin
# with "/", the value of ServerRoot is prepended -- so 'log/access_log'
# with ServerRoot set to '/www' will be interpreted by the
# server as '/www/log/access_log', where as '/log/access_log' will be
# interpreted as '/log/access_log'.
#
#                             error がハイライトされる
# ServerRoot: The top of the directory tree under which the server's
# configuration, error  and log files are kept.
#
# Do not add a slash at the end of the directory path.  If you point
# ServerRoot at a non-local disk, be sure to specify a local disk on the
# Mutex directive, if file-based mutexes are used.  If you wish to share the
# same ServerRoot for multiple httpd daemons, you will need to change at
# least PidFile.
#
ServerRoot "/etc/httpd"

#
UU :   F1  httpd.conf    5% L23     (Conf[Space] Isearch) -------------------
I-search: error
```

（c）error と入力したとき

図 4.16　インクリメンタル検索の例

置換対象とする文字列を入力して Enter を押します．たとえば，置換対象の文字列として 'test' を入力したとすると，ミニバッファ上の表示は 'Replace string test with:' と変わります．続けて，置換後の文字列を入力して Enter を押します．たとえば，置換後の文字列として 'Test' を入力して Enter を押したとします．このとき，バッファ内のすべての 'test' が 'Test' に置き換わります．

　対象となる文字列を，ひとつひとつ置換するかどうか確認しながら置換したいときには，M-x と入力したあと，'query-replace' と入力して Enter を押します．このとき，ミニバッファには 'Query replace:' と表示されます．続けて，前述のように置換前・置換後の文字列を入力して Enter を押します．置換前の文字列と一致する文字列が見つかると，カーソルが該当する文字列の先頭に移動します．

　カーソルが移動した先の文字列を置換したいときは，Space もしくは y を入力します．置換しない場合は，Del あるいは n を入力します．その後，次にマッチする文字列の先頭にカーソルが移動します．

4.2.5 ｜ ウィンドウの分割

　プログラムやレポートを作成するとき，関連する別ファイルを同時に参照しながら編集作業をしたいときがあります．このときは，Emacs のウィンドウを複数のウィンドウに分割して，それぞれのウィンドウで別ファイルを開きながら編集作業をすることができます．ウィンドウは上下左右に分割することができ，C-x 2 を入力すると上下に，C-x 3 を入力すると左右に分割されます．

　図 4.17 には，一例として，ウィンドウを左右に分割したときの画面を示します．複数のウィンドウを開いているとき，ユーザによる入力はカーソルがあるウィンドウに

図 4.17　ウィンドウを左右に分割したとき

対してのみ適用されます．現在作業しているウィンドウから違うウィンドウにカーソルを動かしたいときには，C-x o コマンドを入力します．それぞれのウィンドウでは，別ファイルを開くことも同じファイルを開くことも可能です．異なるウィンドウで同じファイルを開いた場合は，編集内容がすべてのウィンドウに反映されます．

作業を終えて，分割したウィンドウを削除したい場合には，C-x 1 あるいは C-x 0 を入力します．C-x 1 は現在カーソルがあるウィンドウ以外を削除し，C-x 0 はカーソルがあるウィンドウのみを削除します．

これら，ウィンドウの分割，削除に関する操作のコマンドを，表 4.12 にまとめます．

表 4.12　ウィンドウの分割・削除に関するコマンド

コマンド	ウィンドウに対する動作
C-x 2	上下に分割
C-x 3	左右に分割
C-x o	ウィンドウ間でカーソルを移動
C-x 1	カーソルのあるウィンドウだけを残して，ウィンドウを削除
C-x 0	カーソルのあるウィンドウを削除

4.2.6 | コマンドの中断

これまで説明してきたように，Emacs 上での編集作業では，Ctrl や Esc を入力したあと，続けて別のキーを入力することが必要になります．もし，途中でこれらの操作を中断したいときは，キーボードから C-g を入力します．コマンドを入力すると同時に，ミニバッファ上に 'Quit' と表示され，それまでに入力されていたコマンドによる操作が中断されます．

4.2.7 | ヘルプ機能

Emacs に慣れないうちは，ヘルプ機能を積極的に利用するとよいでしょう．ヘルプ機能を利用したいときは C-h を入力します．このとき，ミニバッファ上に 'C-h (Type ? for further options)-' と出力されるので，アルファベット 1 文字を入力すると，それぞれのアルファベットに応じたヘルプを参照することができます．どのアルファベットがどのヘルプに対応しているか知りたいときは "?" と入力するか，続けて C-h を入力することで，参照することができます．

4.2.8 | GUI 版 Emacs での操作

GUI 版の Emacs では，ほとんどの場面でコマンドを入力することなく，CUI 版

Emacs と同様の操作がキーボードやマウスを使用して実現できます．ここでは，GUI 版 Emacs における操作を一部紹介します．

■ **起動と終了**

GUI 版の Emacs を起動したいときには，ターミナルで以下のコマンドを入力します．起動すると，**図 4.18** のように表示されます．

emacs ［オプション］［ファイル名］

図 4.18　GUI 版 Emacs の起動後の画面

Emacs を終了したいときは，画面右上の［×］ボタンをクリックします．このとき，バッファ上で編集したファイルがまだ保存されていない場合は，ダイアログボックスが表示されます．保存する場合は［yes］をクリックしましょう．

■ **ファイルオープン**

新たにファイルを開きたいときには，画面上部にあるツールバーの［File］をクリックします．このとき，新たに表示されるリストから［Open File...］をクリックすると，ファイル選択ウィンドウが開くため，オープンしたいファイルを選択することで，バッファ上にファイル内のデータが表示されます．

■ **バッファの保存**

バッファ上のデータをファイルに上書き保存したいときには，ツールバー上の［File］をクリックして，出現したリストから［Save］をクリックします．異なるファイルとし

て保存したいときは，ツールバー上の [File] をクリックして現れるリストから [Save As...] をクリックします．すると，ファイル選択ウィンドウが開くため，保存したいファイル名および保存先となるディレクトリを選択することで，別名保存をすることができます．

▪ 領域ごとのテキスト編集

複数行にまたがったテキスト編集を行いたい場合は，まず，編集したいテキストの領域をドラッグして選択します．このとき，選択された領域は白色の背景から灰色の背景に変わります．

領域内のテキストを削除して別の場所にテキストを移動したいときには，まず，ツールバーの [Edit] をクリックして出現したリストから，[Cut] をクリックします．このとき，領域内のテキストが削除されて，削除されたテキストは kill-ring に保存されます．その後，移動したい場所にカーソルを動かしたあと，再度 [Edit] をクリックして出現したリストから [Paste] をクリックすることで，kill-ring に保存されたテキストを貼り付けることができます．

領域内のテキストを別の場所に複写したいときには，複写したいテキスト領域をドラッグして選択したあと，[Edit] をクリックして現れるリストから [Copy] をクリックします．このとき，領域内のテキストは削除されず，kill-ring に領域内のテキストが保存されます．その後，複写したい場所にカーソルを動かして，[Edit] をクリックして現れるリストから [Paste] をクリックすることで，kill-ring に保存されたテキストを貼り付けることができます．

▪ 文字列の検索

現在のカーソル位置からファイルの末尾に向かって，インクリメンタル検索を用いて文字列を検索したいときには，ツールバーの [Edit] をクリックして現れるリストのうち，[Search] にカーソルを合わせます．すると，新たにリストが現れるため，カーソルを [Incremental Search] に合わせます．このとき，新たに現れたリストから [Forward String...] をクリックします．クリック後には，ミニバッファに 'I-search' と表示されるので，検索したい文字列を入力することで，インクリメンタル検索が可能となります．

現在のカーソル位置から，ファイルの先頭に向かってインクリメンタル検索を用いて文字列を検索したいときには，[Incremental Search] にマウスカーソルを合わせたときに現れるリストのうち，[Backward String...] をクリックします．このとき，ミニバッファには 'I-search backward' と表示されるので，検索したい文字列を入力することで，ファイルの先頭に向かって該当する文字列を検索することができ

ます.

　非インクリメンタル検索を利用したいときには，ツールバーから [Edit] をクリックして現れるリストの [Search] にカーソルを合わせます．このとき，新たに表示されるリストから [String Forward...] をクリックします．すると，ミニバッファ上に 'Search for string' と表示されるため，続けて検索したい文字列を入力して [Enter] を押すと，ファイル内の該当する文字列にカーソルが移動します.

実　習

4-6　GUI 版 Emacs を起動して，文書ファイルを作成しよう．キーボード・マウスによる操作やツールバーを用いた操作も利用してみよう．使用後，CUI ベース・GUI ベースの差や，それぞれの利点・欠点について考えよう.

4-7　ソフトウェアの設定ファイルを Emacs で開いてみよう．たとえば，Web サーバに関する設定はデフォルトの設定であれば CentOS では '/etc/httpd/conf/httpd.conf' に，Ubuntu では '/etc/apache2/conf.d' に記載されている（このような設定ファイルは数百〜数千行にわたって記述されている）．インクリメンタル検索，非インクリメンタル検索を使って適当な文字列を検索してみよう．規模が異なる設定ファイルを開いて，それぞれの検索方法がどのようなときに有効であるか考察しよう.

4-8　Emacs を使ってあるファイルの文章を別ファイルに移動あるいはコピーしたいとき，どのような方法をとることができるか考えてみよう．また，それぞれの方法を実際に行ってみて，どの方法が効率的か考察してみよう.

5

ソフトウェア開発

　ソフトウェアの開発では，高級言語で書かれたプログラムを機械語に変換する，**コンパイル**という作業を行う必要があります．ここでは，C 言語を例として，プログラムのコンパイル方法について解説します．コンパイルは，コンパイラとよばれるソフトウェアで行います．また，数千行，あるいは数万行以上の大規模なプログラムを作成する際に利用される，`make` コマンドの利用方法についても解説します．C 言語を例としていますが，ほかの言語でも，基本的な操作の流れに違いはありません．

　また，ソフトウェア開発のプロセスの中で行われるプログラムの記述・編集・更新，コンパイル，デバッグといった作業を支援するソフトウェアがあります．とくに，大規模なプログラム作成にあたっては，これらのソフトウェアの利用は，ソフトウェア開発の効率を高める効果があります．

5.1　C コンパイラの使い方

　C 言語用のコンパイラは多数存在していますが，ここでは，無償で入手でき，なおかつ広く使われている **gcc** について説明します．

　gcc でコンパイルを行うには，ターミナルに，以下のように記述します．

```
gcc ［オプション］ ソースファイル
```

　ソースファイルとは，ソースプログラム[†1] を格納しているファイルのことです．

　たとえば，次のように C 言語で記述したソースプログラムを用意し，これを `main.c` という名前で保存してください．

```
1   #include <stdio.h>
```

[†1]　コンパイルする前の，C 言語で書かれたプログラムのことです．

```
2 │ int main()
3 │ {
4 │   printf("Hello, world\n");
5 │   return 0;
6 │ }
```

このソースプログラムは，単に 'Hello, world' という文字列を表示するものです．

このプログラムをコンパイルするには，ターミナルで以下の入力をします．コンパイラでソースプログラムをコンパイルすることを，「コンパイルする」や「コンパイラに通す」ともいいます．

コンパイルの例

```
$ gcc main.c
```

すると，カレントディレクトリに a.out というファイルが生成されます．これが，main.c の内容をコンパイルした結果です．

このファイルは実行可能ファイルになっていて，次のようにして実行できます．

実行方法と出力結果

```
$ ./a.out
Hello, world  ← a.out の実行結果
```

a.out の前に付けている './' は，「カレントディレクトリにある」ということを意味します．これを付けないと，通常「コマンドが見つかりません」というエラーになります．なお，C 言語のソースファイルの拡張子は '.c' でなければなりません．そうでないと，

```
$ gcc main.txt  ← 拡張子を.txt とした場合
main.txt:  file not recognized:  ファイル形式が認識できません
collect2:  エラー:  ld はステータス 1 で終了しました
```

のようにエラーになります．

コンパイルで生成される実行可能ファイルの名前は，a.out がデフォルトとなっています．実行可能ファイルを a.out 以外の名前にしたい場合には，2.1.5 項でとりあげた mv コマンドを使用して名前を変えてもよいですが，-o オプションを使うと，コンパイル時に名前を指定することができます．

たとえば，main.c をコンパイルして，main という名前の実行可能ファイルを生成するには，

出力ファイルの指定

```
$ gcc -o main main.c
```

のように実行します.

この場合,実行可能ファイルは main という名前になっているので,プログラムを実行するには,

main の実行

```
$ ./main
Hello, world
```

とします.

■ ヘッダファイル

C 言語では,ヘッダファイルを読み込むことで,さまざまな関数を使うことができます.ヘッダファイルの拡張子は '.h' となっています.

ヘッダファイルにはさまざまな種類があり,関数の機能別にカテゴリ分けされています.その詳細な説明はここでは行いませんが,数学関数を利用するためのヘッダファイル math.h を例に,その使い方を簡単に説明します.

次のプログラムでは,平方根を計算する関数 sqrt を使っています.

```
1   #include <stdio.h>
2   #include <stdlib.h>
3   #include <math.h>
4   int main(int argc, char *argv[])
5   {
6     double root;
7     root = sqrt(atof(argv[1]));
8     printf("%lf\n", root);
9     return 0;
10  }
```

関数 sqrt は,C 言語自体には機能として備わっていません.そこで,関数 sqrt を利用するためには,C 言語のソースプログラム中に '#incude <math.h>' と記述して,ヘッダファイル math.h を読み込む必要があります(上記プログラムの 3 行目).

では,このプログラムを main2.c として保存し,コンパイルを行ってみましょう.

関数 sqrt を含むプログラムのコンパイル (1)

```
$ gcc -O -o main2 main2.c   ← -O については後述
/tmp/cc8bI2a7.o:  関数 'main' 内:
main2.c:(.text+0x2c):  'sqrt' に対する定義されていない参照です
collect2:  エラー:  ld はステータス 1 で終了しました
```

そうすると，上記のようなエラーになります[†1].

少し専門的な話となりますが，これは，math.h で提供されている関数の多くがライブラリ化されており，そのライブラリから関数を取り込めなかったということです．ライブラリとは，多くの人が使う複数の関数を集め，そのソースコードを，ソースコードと実行可能プログラムの中間状態までコンパイルを済ませたものです．ライブラリの中にある関数を利用するためには，コンパイル時に，**リンク**という処理を行って，関数が含まれているライブラリのファイルを指定する必要があります．リンクを行うことで，ライブラリ内の関数を実行可能プログラムに含めることができます．

リンクは，プログラマが作ったソースプログラムと，ライブラリを結び付けることを意味しており，このように結び付けることで，実行可能ファイルが作られます．

ヘッダファイルには，関数のソースコードが書かれている場合と，ライブラリの使用のための情報が書かれている場合があります．後者の場合には，コンパイル時にライブラリの指定を行わないとエラーになります．

上記の例をもう少し詳しく見てみましょう．

実行結果 1 行目の '/tmp/cc8bI2a7.o' というのは，このプログラムのコンパイルの過程で生成されたファイルであり，その名前は毎回異なります．このエラーメッセージは，main 関数において sqrt への参照が定義されていないことを示しています．

今度は，-lm というオプションを付けてコンパイルしてみましょう．

関数 sqrt を含むプログラムのコンパイル (2)

```
$ gcc -O -o main2 main2.c -lm
```

今度は，エラーが出ることなく，コンパイルできました．

実は，-lm オプションは，'-l' の部分と 'm' の部分に分かれます．'-l' オプションの一般型は，'-l*xxx*' です（*x* は任意の文字）．この -l*xxx* オプションは，あらかじめ定められたライブラリパスから lib*xxx*.so，または lib*xxx*.a というファイルを見つけ，その内容を実行可能ファイルの生成に利用します．

-lm オプションの場合は，libm.so や libm.a といったファイルが探されることになります．

また，適切なオプションを指定することで，コンパイラが生成するファイルの実行速度を向上させることもできます．たとえば，上記のように-O という最適化オプションを指定すると，プログラムの内容にもよりますが，実行速度の向上が期待できます．

詳しくは，gcc のオンラインマニュアルを参照してください．オンラインマニュアル

[†1] 使用するコンパイラによっては，エラーにならない場合もあります．

は，2.1.11 項でとりあげた man コマンドを使って，'man gcc' で見るとよいでしょう．

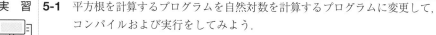

実　習	**5-1**	平方根を計算するプログラムを自然対数を計算するプログラムに変更して，コンパイルおよび実行をしてみよう．
	5-2	gcc のオンラインマニュアルを参照して，最適化オプションにはどのようなものがあるか調べてみよう．

5.2　make と Makefile

　UNIX 上でのソフトウェア開発では，**make** というツールが広く使われています．これは，その名のとおり，ソフトウェアを「作る」ためのツールです．

　大規模なソフトウェアを開発するような場合には，すべてのプログラムを 1 つのファイルとして記述せずに，1 つ，あるいはいくつかの関数ごとに，個別のファイルに記述するという方法で開発が行われます．また，複数のプログラマでソフトウェア開発する場合には，1 つのファイルをプログラマ全員が同時に編集することはできないので，この場合には，必然的に，それぞれが担当する部分を個別のファイルとして記述することになります．

　このように，プログラムをいくつかのファイルに分けて記述して，それぞれのファイルを個別にコンパイルし，その後，リンクでライブラリの関数を実行可能ファイルに取り込むのと同様に，個別にコンパイルされた中間状態のファイルを束ねて，最終的に実行可能ファイルを作成することを，**分割コンパイル**といいます．

　分割コンパイルでは，プログラムに変更が加えられた場合には，変更が加えられたファイルのみをコンパイルし，さらに，それに伴ってやり直さなければならない作業のみを行います．つまり，変更がない部分は，以前のものをそのまま使います．このようにすることで，コンパイルの際の処理量を減らし，結果的に，コンパイル時間を短くすることができます．

　この分割コンパイル時に，必要な作業のみを自動的に判断してくれるのが make です．

　make は，**Makefile** という設定ファイルに従って，ターゲットとよばれるファイルを生成し，ソフトウェアを構築します．ただし，これはソースプログラムを書いてくれるという意味ではなく，あらかじめ用意されたソースプログラムなどのファイルを使って，コンパイルなどの構築作業を行ってくれるという意味です．

　make は，make コマンドで実行でき，その書式は次のとおりです．

```
make [-f Makefile] [ターゲット名]
```

　最も簡単な make の使い方は，Makefile を用意せずに，暗黙のルールを用いる方法です．make コマンドの引数にプログラムの名前（拡張子は付けない）を指定すれば，同名のソースファイルを使ってコンパイルしてくれます．たとえば，main.c というソースファイルがカレントディレクトリに置いてあるとします．そこで，以下のように make コマンドを実行すると，自動的に main.c をコンパイルし，main という実行可能ファイルを生成してくれます．

make main の実行
```
$ make main
```

　一方，カレントディレクトリに Makefile というファイルが存在していれば，make コマンドは，その Makefile に明示されたルールに従って作業を実行します．なお，Makefile というファイル名は，すべて小文字の makefile でもかまいません．ただし，両方が同じディレクトリに存在する場合は，Makefile のほうが優先されます．
　カレントディレクトリに Makefile を用意し，以下の操作で make コマンドを実行すると，自動的に Makefile が読み込まれて make コマンドが実行されます．

```
make [ターゲット名]
```

　コマンド実行において，ターゲット名は省略可能です．ターゲット名が指定された場合には，Makefile 中のターゲットとして書かれているファイルの生成が試みられます．一方，省略時には，Makefile の中で最初に登場するターゲットの生成が試みられます．
　Makefile を，カレントディレクトリ以外に置くこともできます．その場合には，-f オプションで Makefile を指定します．
　Makefile の役割は，あるファイルを作るには，どのファイルとどのファイルを使って，どのようなコマンドを実行すればよいかという依存関係と生成方法を表すことです．すなわち，Makefile にターゲットとよばれるファイルを指定し，そのファイルが「どういったファイルをもとに作成されるのか」，「どのようなコマンドによって作成されるのか」という情報を記述します．make は，Makefile に記述された依存関係（の情報）に基づいて，自動的にターゲットと依存元との新旧関係を判断し，生成のための処理を行います．

`Makefile` の基本的な記述様式は，以下のとおりです．

```
ターゲット 1:依存ファイル 1
        コマンド 1-1
        コマンド 1-2
        …
ターゲット 2:依存ファイル 2
        コマンド 2-1
        コマンド 2-2
        …
```

`Makefile` の記述ルールを見ていきましょう．

- **ターゲット**：コンパイルなどの処理によって生成したいファイル．上記のように，1 つの `Makefile` の中にターゲットを複数列挙してもかまいません．
- **依存ファイル**：ターゲットが依存するファイル，言い換えると，ターゲットの作成に必要な（いわば材料となる）ファイルです．複数個のファイルを指定することもできます．複数個指定する場合は，各ファイルを空白で区切って指定します．逆に，何も指定しなくてもかまいません．何も指定しない場合の振る舞いについては，92 ページで説明します．
- **コマンド行**：ターゲットを作成するための処理．複数の行に分けて記述することができ，順に実行されます．各行は，いずれもタブ (Tab) 文字で始めなければなりません．1 つの行の中に，複数のコマンドを書くこともできます．たとえば，コマンド A のあとに，そのまま引き続いてコマンド B を実行したい場合は，セミコロンで区切って 1 行にまとめ，'A;B' と書きます．

`Makefile` に記述される，ターゲット，依存ファイル，コマンド行の関係についての基本的なルールは，以下のとおりです．

- 依存するファイルのうち，どれか 1 つでも，その変更時刻がターゲットの変更時刻よりも新しい場合には，ターゲットを作り直さなければならない
- ターゲットを作るときは，コマンドを実行する

たとえば，前述の C プログラム `main.c` をコンパイルして，実行可能ファイル `main` を作る場合，ターゲットは `main`，依存するファイルは `main.c`，コマンドは `gcc -O -o main main.c` となります．

したがって，`Makefile` の記述内容は，以下のようになります．

```
1  main: main.c
2       gcc -O -o main main.c
```

この Makefile をカレントディレクトリに置いて make コマンドを実行すると，main.c がコンパイルされ，実行可能ファイル main が生成されます．

では，実際に make を使ってみましょう．

以下の例では，まず初めに ls コマンドで main が存在していないことを確認し，make コマンドを実行したあとに，main が生成されていることを確認しています．

make の実行

```
$ ls
Makefile main.c
$ make
gcc -O -o main main.c    ← make で実行された内容
$ ls
Makefile main main.c    ← main が生成されている
```

この状態で再度 make コマンドを実行しても，すでに最新の依存ファイル (main.c) によってターゲット (main) が生成されているために，再びコンパイル作業が行われることはありません．代わりに，main は最新版である（更新済みである）といったメッセージが，以下のように表示されるだけです．

ターゲットが最新の依存ファイルに基づいて生成されている場合

```
$ make
make:  'main' は更新済みです
```

また，Makefile には，以下の clean のように依存ファイルをもたないターゲットも記述できます．

```
1  main: main.c
2       gcc -O -o main main.c
3  clean:
4       rm -f main *~
```

依存ファイルをもたないターゲットは，依存ファイルそのものがないのですから，ターゲットファイルよりも新しい依存ファイルが存在するはずがありません．そのため，通常は，そこに書かれたコマンド行が実行されることはありません．

一方で，make コマンド実行時に，依存ファイルがないターゲットが 'make ターゲット名' として指定された場合には，コマンド行に書かれたコマンドが実行されます．

たとえば，上記の例では，ターゲット clean には依存するファイルが記述されてい

ません. そのため, make コマンド実行時に clean が指定されなければ, clean に対応するコマンド行は実行されません.

一方, ターゲット clean が指定され, 'make clean' として make が実行された場合には, 'rm -f main *~' が実行されます.

したがって, この例では, ターゲット clean が指定された場合, 実行可能ファイル main と, 名前が '~' で終わるファイルが無条件で削除されます.

`make main の実行`

```
$ ls
Makefile main main.c
$ make clean   ← clean をターゲットに指定して実行
rm -f main *~
$ ls
Makefile main.c   ← main が削除された
```

このように, main を削除したあと, もしくは main.c を編集したあとで make コマンドを実行すると, 再度コンパイル作業が行われます. つまり, make は, 依存先ファイル main.c をチェックし, ターゲットである main が常に最新版となるようにはたらきます.

上の例の場合は非常に単純なので, 人手でコンパイルしても, それほどの作業量ではありません. しかし, 大規模なプログラムを作成する場合や, 複数のメンバーが参加してのシステム開発を行うなど, 依存ファイルが複数のターゲットにまたがっているような場合には, すべての処理を行うと時間を必要とします. かといって, 必要な処理だけを選ぶために, 依存関係に基づいてそれを判断するのは, 複雑で雑多な作業となってしまいます.

更新時刻に基づいて必要な作業だけを行ってくれる make は, これらの作業を自動で行ってくれるため, 人間が行わなければならない作業量の低減に効果を発揮します. それぞれどのファイルを変更したらどれをコンパイルし直さなければならないのかは make が判断してくれるので, ユーザは単に make コマンドを実行するだけで済みます.

一部のヘッダファイルが複数のターゲットにまたがっている Makefile の例を以下に示します.

```
1  myapp: menu.o model.o control.o display.o
2          gcc -O -o myapp menu.o model.o control.o display.o
3  menu.o: menu.h param.h menu.c
4          gcc -O -c monu.c
5  model.o: def.h model.c
6          gcc -O -c model.c
7  control.o: param.h def.h control.c
8          gcc -O -c control.c
```

```
 9  display.o: display.c
10          gcc -O -c display.c
11  clean:
12          rm -f myapp *.o *~
```

この例では，param.h を編集した場合，menu.o および control.o を作り直します．そして，その影響として myapp も作り直すことになります．

また，def.h を編集した場合，'model.o' および 'control.o' を作り直し，さらに，'myapp' も作り直します．

このような，依存関係をたどっていく判断と構築作業（コンパイルなど）は，make コマンドを実行するだけで自動的に行われます．

▪ make の確認方法

実際はファイルの中身を一切変更していないにもかかわらず，あたかもファイルを更新したかのように見せるコマンドに，以下の touch コマンドがあります．

```
touch  ファイル名
```

touch で存在していないファイル名を指定した場合は，空（サイズが 0 バイト）のファイルを新規に作成します．一方，指定したファイルが存在している場合は，そのファイルの最終更新時刻を現在の時刻に更新します．更新されたことは 'ls -l ファイル名' で確認できます．

touch は，ファイルの中身を変えずに最終更新時刻のみを変えられるため，Makefile の動作の確認などに利用できます．

また，make コマンドが行う動作を実際は行わずに，動作確認のみを行うこともできます．以下のように -n オプションを指定すると，make が実行するコマンド行を表示しますが，実際には，そのコマンド行は実行されません．

```
make -n [ターゲット名]
```

以下の例では，touch で main.c のタイムスタンプを更新したために，'make -n' で，make 実行時に行われる処理が 'gcc -O -o main main.c' であることが確認できます．

touch と make -n の実行例

```
$ touch main.c
$ make -n
gcc -O -o main main.c
```

実 習
5-3 複数のターゲットがある Makefile を作成してみよう.
5-4 touch および 'make -n' コマンドを使用して, 5-3 で作成した Makefile が正しく動作しているかを確認しよう.

5.3 バージョン管理

　ディスクの容量がテラバイトを超えるようになった今日においても, ディスク上にあるプログラムのソースコードや文書ファイルは, ユーザによる誤った編集や操作によって簡単に失われてしまいます. せっかく時間をかけて作成したファイルを失わないために, バックアップ等の対策は非常に重要です. また, プログラムの開発過程では, プログラムの改編が, バグをもたらすこともあります. このような場合には, 正常に動いていた過去のバージョンに戻る必要があります.

　誤った編集や操作によるデータの消失を防いだり, 過去のバージョンに戻る方法として, ファイルに対してユーザが行ったすべての作業を記録するという方法が考えられます. ファイルに対するすべての作業を記録しておけば, 誤った操作を行ったとしても, 直前の状態に戻ってファイルへの編集を再開することができます.

　このような仕組みで, 文書やソースコード, ソフトウェアに対する複数のバージョンの管理・追跡を可能とするツールが, **バージョン管理システム**です. バージョン管理システムでは, 管理したい各コンテンツ (文書, ソースコード, ソフトウェア等) に対してリポジトリ[†1] を作成して, コンテンツに対するひとつひとつの変更をバージョンとして維持管理します. すなわち, ユーザが所望したときに, 過去のバージョンにさかのぼって, ある時点でのコンテンツの状態を閲覧することができます.

5.3.1 │ 集中型バージョン管理と分散型バージョン管理

　バージョン管理システムには, 大きく分けて**集中型**と**分散型**の 2 種類があります. 代表的な集中型バージョン管理システムには CVS や Subversion, 分散型には Git や Mercurial があります.

[†1] 開発過程が保存されるデータベースのことです.

▪ 集中型

　集中型バージョン管理では，バージョン管理したいコンテンツ（ファイルやディレクトリ）のリポジトリを，1つのサーバで維持管理します（**図 5.1**）．コンテンツを編集したいユーザは，サーバから最新のコンテンツを，バージョン管理システムから作業領域にコピーするとともに，コンテンツに対する更新情報をサーバ上のリポジトリに対して登録します．バージョン管理システムから作業領域にコピーすることを，**チェックアウト**といいます．集中型では，どのユーザに対してどのような権限を与えるかなど，きめ細かな制御が可能になります．

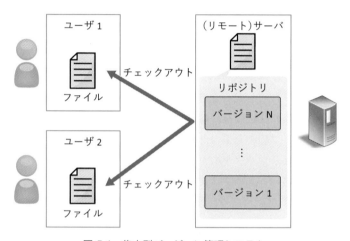

図 5.1　集中型バージョン管理システム

　一方で，リポジトリ保持サーバに障害が発生した場合，障害が発生している間，ユーザは，ほかのユーザとの共同作業ができません．また，ディスクのクラッシュ等によってサーバ上のリポジトリが失われてしまった場合には，コンテンツに対するすべての変更履歴が失われてしまいます．

▪ 分散型

　分散型バージョン管理では，ユーザがファイルを編集する際に，サーバで管理された最新のコンテンツそのものだけでなく，リポジトリ全体をコピーします（**図 5.2**）．そのため，ユーザによるオフライン作業が可能になるだけでなく，サーバに障害が発生してリポジトリが失われたとしても，同じリポジトリを参照していたユーザからリポジトリをコピーすれば，復旧することができます．

　一方で，各ユーザがリポジトリの完全バックアップをとるため，リポジトリに含まれる変更履歴が増えていくほど，必要となるディスク容量が増大します．

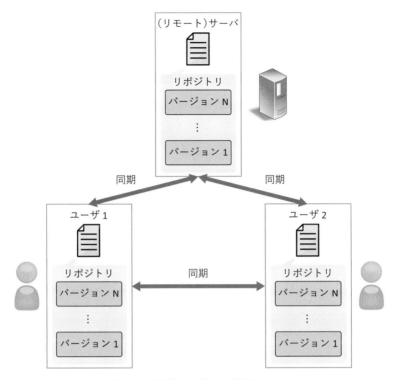

図 5.2　分散型バージョン管理システム

5.3.2 │ Git

　分散型バージョン管理システムとして，近年広く使われている **Git** をとりあげましょう．Git は，L. Torvalds によって，Linux カーネルの開発をサポートするために開発されました．複数の開発者が参加するプロジェクトでのバージョン管理が行えることや，一時的にオフラインとなっても使用できることから，近年その利用が広がっています．

　Git を用いて，コンテンツのバージョン管理方法を見ていきましょう（**図 5.3**）．説明で出てくる用語の意味は，**表 5.1** に示します．

　まず，作業ツリーで変更を加えたコンテンツを，ステージに追加します．ステージ上のコンテンツはロ　カルリポジトリに登録されるとともに，リモートリポジトリに対しても登録されます．Git では，各ユーザがバージョン管理したいコンテンツに対するローカルリポジトリをもつことで，変更履歴を記録することができます．また，リモートリポジトリに変更履歴を登録することで，複数人の開発者と開発過程を共有できます．

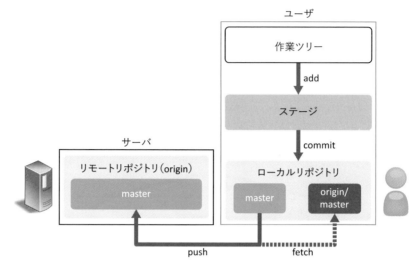

図 5.3　Git の概念図

表 5.1　Git における用語

用　語	意　味
ローカルリポジトリ	自分のコンピュータ内にあるリポジトリ
リモートリポジトリ	自分のコンピュータ外にあるリポジトリ
ステージ	ローカルリポジトリに登録するコンテンツのリスト
作業ツリー	バージョン管理対象のコンテンツ
add	変更を加えた作業ツリー内のファイルをステージに追加すること
commit	ステージにあるファイルをローカルリポジトリに登録すること
push	ローカルリポジトリに登録された情報をリモートリポジトリに追加すること
fetch	リモートリポジトリに登録された情報をローカルリポジトリに追加すること

　Git は非常に多機能なバージョン管理システムです．本書では Git がもつ機能のうち，プログラム作成で必要となる基本的な機能のみに限定して解説します．

　では，実際に Git を使用してローカルリポジトリを作成する方法，リポジトリ上にコンテンツを登録・削除する方法，リモートリポジトリとやり取りする方法について見ていきましょう．

Column

　たとえば Ubuntu で Git をインストールするためには，ターミナル上で以下のコマンドを実行します．

```
sudo apt-get install git
```

　Git を利用するときには，まず，ユーザ名と E-mail アドレスを登録しましょう．これは，ファイルへの変更を行ったのが誰であるかを識別し，そのことを同じプロ

ジェクトに参加するメンバーの間で情報共有できるようにするためです．コミット時に，コマンドラインから作成者の情報を追加することもできますが，事前にユーザ名と E-mail アドレスを登録せずに，コミットのたびに設定するのは面倒なので，以下のコマンドで，事前にこれらの情報を登録しましょう．

```
git config -global user.name "First-name Family-name"
git config -global user.email "username@example.com"
```

　たとえば，ユーザ名を Hoge hoge，E-mail を hoge@example.com に設定したいときは，次のようにコマンドを入力します．

```
git config -global user.name "Hoge hoge"
git config -global user.email "hoge@example.com"
```

▪ ローカルリポジトリ作成

　プロジェクトの遂行時には，開発中のプログラムなどが置かれているディレクトリに対してバージョン管理を行う必要があります．Git を使用して自身のコンピュータ内のコンテンツをバージョン管理したいときは，まず，コンピュータ内のあるディレクトリにローカルリポジトリを作成します．

　ここでは，ホームディレクトリ下にある public_html というディレクトリを対象に，バージョン管理すると想定します．言い換えると，public_html ディレクトリ内のファイルの追加・変更・削除といった操作の履歴が保存・管理されることになります．

　では，public_html ディレクトリ内には，index.html というファイルがあるとし，そのファイルへの編集作業の過程を，例として見ていきましょう．

　まず，準備のために，public_html ディレクトリ内に，'this is test' と書かれているファイル index.html を作成しましょう．作成の方法は，以下のとおりです．

バージョン管理の対象となるディレクトリ作成

```
$ mkdir ~/public_html
$ cd ~/public_html
$ echo "this is test" > index.html
```

　対象となるディレクトリにローカルリポジトリを作成してバージョン管理するためには，対象となるディレクトリの中で，git init コマンドを実行します．

　ここでは，public_html ディレクトリが管理の対象となるので，次のように，カレントディレクトリが対象となっているディレクトリであることを確認したあと，git init と入力します．

ローカルリポジトリの作成

```
$ pwd
~/public_html
$ git init
```

```
Initialized empty Git repository in ~/public_html/.git/
```

この例では，`public_html`ディレクトリ内にファイル`index.html`が存在していました．バージョン管理の対象となるディレクトリは，今回の例のようにすでにファイルやディレクトリが含まれていても，空のディレクトリでもかまいません．また，対象となるディレクトリがほかのディレクトリを包含している場合，包含されているディレクトリもバージョン管理の対象となります．そのため，包含されている個々のディレクトリで`git init`を実行する必要はありません．

`git init`によってディレクトリがローカルリポジトリとして変換されると，`.git`という隠しディレクトリが対象ディレクトリ内に作成されます．`.git`ディレクトリの中には，そのリポジトリでコミットされた，すべての変更履歴が保持されます．

■ ステージへの追加

`git init`を実行した直後は，ローカルリポジトリは空き状態となっています．ローカルリポジトリとして変換されたディレクトリ内のファイルのバージョン管理を行うためには，対象となるファイルを明示し，ローカルリポジトリに登録する必要があります．この操作のことを，「ステージに追加する」といいます．

ローカルリポジトリにファイルを登録する，言い換えるとステージに追加するためには，`git add`コマンドを使用し，登録したいという希望を Git に伝えます．

`index.html`ファイルのステージへの追加は，以下のように行います．

ステージへの追加
```
$ git add index.html
```

複数のファイルを対象として`git add`を実行することもできます．たとえば，`index1.html`と`index2.html`の 2 つのファイルを一度にステージに追加する場合には，以下のように並べて実行します．3 つ以上のファイルを対象とする場合も，同様にファイルを列記することで，ステージに追加することができます．

複数ファイルをステージに追加
```
$ git add index1.html index2.html
```

ただし，`git add`コマンドだけでは，ローカルリポジトリへの登録は完了しません．登録の完了には，後ほど説明する`git commit`コマンド[†1]の実行が必要です．

---

†1 commit（コミット）とは，変更等の操作履歴をリポジトリに記録することです．また，記録された履歴（情報）のことを指して「コミット」ということもあります．

add によって，ファイルをローカルリポジトリに追加したいとの希望は示せますが，リポジトリへの登録は完了しません．いわば，「確定」ではない「暫定」状態ということになります．

バージョン管理したいファイルの状態は，git status コマンドで確認することができます．プロンプト上に **git status** と入力してみましょう．

ファイルの状態確認

```
$ git status
# On branch master
#
# Initial commit
#
# Changes to be committed:
# (use ''git rm -- cached <file>...'' to unstage)
#
# new file:  index.html
#
```

index.html が 'Changes to be commited'（コミットされるべき変更点）の項目として示されています．

コミットとは，「暫定」状態から「確定」状態にすることです．コミットされるべき変更点と表示されているということは，まだ暫定的な状態にあるということです．

■ ローカルリポジトリへの登録

ステージに追加された「暫定」状態にあるファイルを，ローカルリポジトリに登録して「確定」状態にしたいときは，git commit コマンドを使用します．各コミットには，実際のディレクトリやファイルの内容変更に加えて，変更者の情報や，**コミットログ**（具体的にどのような変更をファイルに行ったのかを変更者自身が記載したもの）を含む，さまざまなメタデータも記録されます．コミットログは，-m オプションで付け加えることができます．

```
git commit -m "コミットログ"
```

なお，コミットログを残さない場合，'Aborting commit due to empty commit message.'（コミットログが空なのでコミットを中止します）というメッセージが出力されて，暫定状態にあるファイルをローカルリポジトリにコミットすることができないので注意してください．

たとえば，ここでは，コミットログとして 'テストです' を残して，「暫定」状態にあるファイルをローカルリポジトリに登録してみましょう．**git commit** 実行後には，

ファイルがローカルリポジトリに登録されているか，また，コミットに入力したコミットログが残されているかを，`git log` コマンドを入力して確認できます．

ローカルリポジトリへのコミット

```
$ git commit -m "テストです"

$ git log
commit 413ca4de57232b144ddb4da9cde65f63539faae4
Author:  Hoge Hoge <hoge@example.com>
Date:   Tue Feb 27 17:12:51 2018 +0900

テストです  ← コミットログ
```

`git log` を入力すると，新たなコミットがローカルリポジトリに追加されていること，コミットに'テストです' というコミットログが残されていることが確認できます．

このとき，バージョン管理したいファイルの状態はどうなっているかを，`git status` を入力して確認してみると，'nothing to commit (working directory clean)' と表示されます．

ファイルの状態確認（コミット後）

```
$ git status
# On branch master
nothing to commit (working directory clean)
```

'nothing to commit (working directory clean)' とは，`public_html` ディレクトリ内に，「暫定」状態にあるファイルがないことを表しています．すなわち，「暫定」状態にあった `index.html` が，`commit` コマンドによってローカルリポジトリに登録され，「確定」状態になったことを表しています．

▪ 詳細なコミットログの登録

コミットログは，`-m` オプションを使ってコマンドラインから記入することもできますが，複数行にわたる詳細なメッセージを残したいときなどは不便です．Git では，自分がいつも利用しているエディタを使ってコミットログを残すことができます．

コミットログを，コマンドラインからではなく所望のエディタから記述したいときには，'git config --global core.editor エディタ名' と入力して，使用したいエディタを登録できます．

次の例では，Emacs を登録しています．

コミット時のエディタに Emacs を設定

```
$ git config -global core.editor emacs
```

　ローカルリポジトリに変更をコミットするとともに，コミット時に Emacs を用い
てコミットログを残してみましょう．まず，index.html の内容を変更してから，git
status コマンドを実行してみましょう．index.html の変更はどのようなものでも
かまいません．

　その後，次のように git status コマンドを入力すると，'modified:　index.html'
とあるように，index.html に何らかの変更が加えられたことを，Git が把握してい
ることがわかります．

ローカルリポジトリの状態確認

```
$ git status
# On branch master
# Changed but not updated:
# (use "git add <file>..." to update what will be committed)
# (use "git checkout -- <file>..." to
# discard changes in working directory)
# modified:  index.html  ← 変更がある場合に表示される
# no changes added to commit (use "git add" and/or "git commit -a")
```

　index.html に変更が加えられていることがわかったので，変更履歴をローカルリ
ポジトリにコミットしましょう．

　コミットするには，git commit -a コマンドを実行します．-a は，変更されたファ
イルをすべてコミットすることを指示するオプションです．

変更のコミット

```
$ git commit -a
```

　上記のようにローカルリポジトリに対するコミットを実行すると，コミット時に用
いるエディタとして指定した，Emacs が起動します．

　Emacs 上では，図5.4 におけるバッファ内の青枠で示した領域にコミットログを入
力して，C-x C-s （コミットログの保存）を入力したあと，C-x C-c を押して
Emacs を終了させてください．

　Emacs を終了させたあとに，git log コマンドを使用して，ローカルリポジトリに
新たなコミットが追加されているか確認してみましょう．

コミットの状態を確認

```
$ git log
commit 97941c0326ded909b642317b228c4bd527c41138  ← 変更後のコミット
Author:  Hoge Hoge <hoge@example.com>
Date:  Tue Feb 27 17:23:50 2018 +0900

    ピリオドを追加.
```

```
次はタグを追加予定　← Emacs で編集したコミットログ

commit 413ca4de57232b144ddb4da9cde65f63539faae4
Author:  Hoge Hoge <hoge@example.com>
Date:   Tue Feb 27 17:12:51 2018 +0900

テストです
```

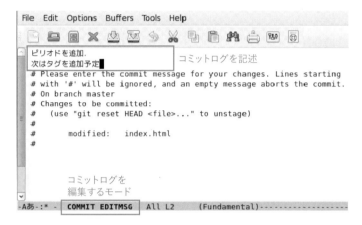

図 5.4　Emacs を使ってコミットログを記入

　git log を入力すると，新たなコミットが追加されていることや，Emacs 上に入力したコミットログが登録されていることが確認できます．

▪ コミットの取り消し

　リポジトリに誤って新たなコミットを登録してしまい，登録したコミットを取り消したいときは，その状況に応じて表 5.2 に示すコマンドを使用することができます．

　たとえば，登録したコミットを取り消すだけでなく，ディレクトリ内のファイルもコミット前のものに戻したいというときは，git reset --hard コマンドを使用します．一方，登録したコミットは取り消したいが，ディレクトリ内のファイルは現在の

表 5.2　コミットの取り消しに関するコマンド

コマンド	コミット削除	ディレクトリ内のファイルを変更	新たなコミット登録
git reset --hard コミット ID	○	○	×
git reset --soft コミット ID	○	×	×
git revert コミット ID	×	○	○
git commit --amend	△ （上書き）	×	×

ままで残しておきたいというときは，`git reset --soft` を使用します．

これらの **git reset** コマンドは，最新のコミットから取り消したいコミットまでの，すべてのコミットを削除してしまいます．

コミットを取り消すことなく，あるコミットで行ったファイルへの編集を取り消したい場合には，`git revert` コマンドを使用します．**git revert** は，ディレクトリ内のファイルをコミット前の状態に戻して，対象となるコミットでの編集を打ち消す新たなコミットを，リポジトリに登録します．**git revert** では，新たなコミットを登録するだけなので，これまでのコミットを取り消すことがありません．また，間違えてコミットログを残したなど，直前のコミットを上書きしたいときは，`git commit --amend` コマンドを使用しましょう．

▪ リモートリポジトリからのコピー

Git では，リモートサーバにあるリポジトリをコピーしてローカルリポジトリとし，新たに編集作業を進めることも可能です．リモートにあるリポジトリをコピーしたいときは，`git clone` コマンドを利用します．

たとえば，リモートリポジトリが `https://github.com/user1/example.git` にあるときは，`git clone` コマンドで，リモートリポジトリのアドレスを指定します．

リモートリポジトリからローカルリポジトリへのコピー

```
$ git clone https://github.com/user1/example.git
```

▪ リモートリポジトリの変更の反映

git clone コマンドで，コピーをしてきたリモートリポジトリに，新しいバージョンが作られるなどの更新があった場合に，その更新をローカルリポジトリに反映したいときには，`git fetch` コマンドを使用します．

git fetch は，以下のようにオプションを何も付けずに実行するのが最も基本的な使用方法です．これで，リモートリポジトリのすべての更新がローカルリポジトリに反映されます．

リモートリポジトリにおける更新をローカルリポジトリに反映

```
$ git fetch
```

実 習 **5-5** これから作成するプログラムや文書ファイルについて，ローカルリポジトリを作成してみよう（ローカルリポジトリにはファイルを登録するだけでなく，登録したファイルを更新するたびに変更履歴をコミットするように心がけること）．完成時にいくつのコミットがリポジトリに登録されてい

るか，確認してみよう．

5-6　プロジェクトにかかわるすべてのファイルをバージョン管理するべきか考えてみよう．もし，バージョン管理するべきでないファイルがあるとしたら，それはどのようなファイルか考えよう．

5-7　今日では，世界中の人々が，GitHub を通して各々が開発したプログラムに関するリポジトリを公開している．GitHub で公開されているリモートリポジトリのうち，興味があるものをローカルリポジトリとしてコピーしてみよう．コピーしたリポジトリにはソースコード等が含まれているはずなので，ソースコードを読んで気がついた点を述べよう．また，その中で，今後のプログラム開発において自分が取り入れるべき点についても考えてみよう．

5.4　統合開発環境

　統合開発環境 (IDE, Integrated Development Environment) は，プログラムの記述，コンパイル，実行，さらには，実行結果によってはエラーを修正するといった一連のプログラム開発のための作業を支援する機能を，まとめて提供するソフトウェアです．有名な統合開発環境として，IBM 社と Object Technology International が提供する **Eclipse** や Apple 社の **Xcode**，Microsoft 社の **Visual Studio**，Google 社の **Android Studio**，Unity Technologies 社の **Unity** などがあります．

5.4.1　Java 開発環境のための Eclipse

　Eclipse は，**Java** コードの作成や編集，実行，デバッグに関する基本的な機能がそろっていて，完成度が高く使いやすいため，多くの Java 開発者に利用されているオープンソース統合開発環境です．また，機能を拡張するソフトウェアであるプラグインが利用できるので，用途に応じてプラグインを組み合わせて開発できます．プラグインを活用すると，Java だけでなく，C や C#，PHP，Ruby など，Java 以外のプログラミング言語による開発にも利用できます．Eclipse は，Linux や Windows，macOS などの多くの OS 上で動作します．

　Java プログラムの作成は，統合開発環境を利用しなくても，使い慣れたエディタで行えますが，Java プログラムを実行するためには，JRE をインストールする必要があります．JRE とは，Eclipse で開発したものに限らず，一般に Java プログラムを実行するために必須のソフトウェアで，Java VM (Virtual Machine) ともよばれています．また，プログラムの実行を行うだけなら JRE のインストールだけで十分です

が，Java プログラムの開発には，JDK (Java Development Kit) のインストールも必要です．JDK には，Java のコンパイラや，統合開発環境である Eclipse が含まれています．Java コンパイラは必ず必要なので，JDK のインストールは必須です．また，JDK をインストール直後の Eclipse は英語のみに対応していますが，日本語プラグイン Pleiades[†1] を用いると，メッセージの日本語化が行えます．

▪ 起動と終了

Eclipse は，`eclipse` コマンドで起動できます．

```
eclipse ［オプション］ ［ファイル］
```

ただし，Pleiades などのプラグインを追加した直後には，オプションとして`-clean`を付ける必要があります．また，Eclipse を終了するには，画面上部のメニューバーの[File]（ファイル）の中の[Exit]（終了）を選択します（**図5.5**）.

図 5.5 Eclipse 画面

▪ プロジェクト作成

Eclipse による Java プログラム作成は，まず Eclipse 上の作業単位であり，Java ファ

---

†1 Pleiades は，MergeDoc Project から配布されています．'Pleiades' をキーワードとして検索して探すとよいでしょう．

イルの入れ物である,**プロジェクト**を作成することから始めます.Eclipse の画面（図 5.5）上の [Create a new Java project] をクリックします.すると,**図 5.6** のプロジェクト作成画面が出るので,[Project name]（プロジェクト名）に,プロジェクト名を入力します.プロジェクト名には,一般的には作成するプログラムに関連した名前を付けます.図 5.6 では,sample と入力しています.プロジェクト名を入力したら,[Finish]（完了）をクリックします.なお,[Next >]（次へ）を選択すると,そのほかの詳細な設定を行うことができます.

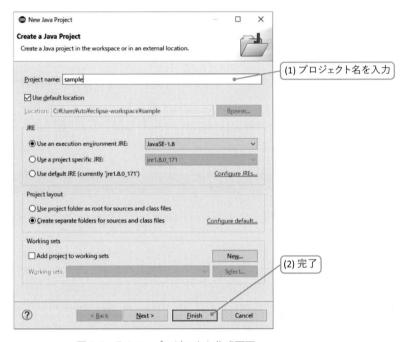

図 5.6　Eclipse プロジェクト作成画面

▪ Java クラス作成

次に,Java におけるプログラムの単位である,クラスを作成します.[Window] メニューの中から [Show View] を選び,さらにその中の [Other] を選びます.すると,ウインドウが開くので,そのウインドウのメニューの中から [Java] → [Package Explorer] をクリックします.[Java] のメニューが展開されていないようなら,[Java] の文字の左にある三角形をクリックすると,メニューが展開されます.Package Explorer（パッケージエクスプローラー）ビュー内に表示された作成プロジェクトの下にある src フォルダを選択し,右クリックして [New]（新規）から [Class]（クラ

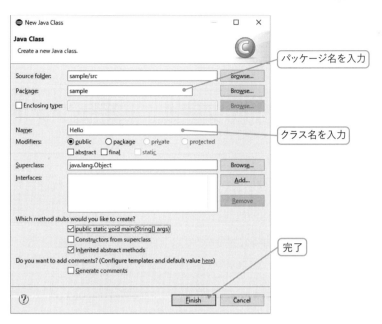

図 5.7　Java クラス作成画面

ス）を選択します．Java クラス作成画面（**図 5.7**）において，[Package]（パッケージ名）と [Name]（クラス名）には任意の名前を入力することができます．

　ここでは，例として sample, Hello とそれぞれ入力しています．[Finish]（完了）をクリックし，画面中央の Java エディタでプログラムを記述します．たとえば，文字列 'Hello World!' を表示する Java プログラムは，以下のように書けます．

```java
public class Hello {
    public static void main(String[] args) {
        System.out.println("Hello World!");
    }
}
```

　ファイルを保存して，画面上部のメニューバーの [Run]（実行）から [Run] を選択します．

実　習

5-8 自分の PC に Eclipse をインストールして，Java プログラムを作成し，実行できる統合開発環境を構築してみよう．

5-9 'Hello World!' 以外の文字列を表示するプログラムを作成し，実行してみよう．

6

文書作成ツール ―組版ソフト LaTeX

　ワープロソフトは，手紙やチラシ，数ページ程度の報告書など，ちょっとした書類を作成するのには便利なソフトウェアで，UNIX 系 OS で利用できるワープロソフトもあります．一方で，論文や書籍は，図や表が挿入され，引用文献も多く，また，複数の章，さらには章の中に節や項があるといった多階層の構造がとられています．書籍に至っては，数百ページといった長さとなっているものも一般的です．こういった書類を執筆・作成するのに，ワープロソフトよりも便利なソフトウェアとして，LaTeX とよばれるソフトウェアがあります．

　LaTeX が元々 UNIX 上のソフトウェアとして開発されたこともあり，UNIX 系 OS は，LaTeX を使うのに適しています．

　なお，本章と次章で解説するツールは，あらかじめインストールが必要です．インストール方法などについては Web 上に豊富に情報があるので，調べてみるとよいでしょう．

6.1　組版ソフト LaTeX

　「組版（くみはん）」とは，原稿に従って，レイアウト，文字の種類・大きさなどを定める行為のことを意味しています．書籍や論文，マニュアルなどにおいて，その内容に応じて段落を分けられ，章番号・節番号が振られ，本文中に引用される周辺に図や表が配置される，といったことのすべてが，「組版」という行為で決められています．

　人間が行う組版を支援してくれたり，あるいは，自動的に行ってくれるソフトのことを「組版ソフト」といいます．TeX[†1] は，Stanford 大学の D. E. Knuth によって，1978 年に開発された組版ソフトウェアです．その後，TeX をベースにしてさらに簡単に論文やレポートを作成したいとの要望から，L. Lamport によって，1985 年に LaTeX[†2]

---

†1　TeX は，「テック」とも読みます．
†2　「ラテック」ともよびます．

が開発されました.

また, 1990 年頃には, 日本語に対応した pTEX および pLATEX がアスキーによって開発されました. 現在では, 1996 年から TEX ユーザグループによって開発されている TEXLive が, OS を問わず, 世界中で広く利用されています. pTEX および pLATEX も, 2010 年以降, TEXLive に統合されて開発が進められています. 以降の説明では, 簡単化のために, pTEX および pLATEX をまとめて LATEX とよびます.

コンピュータ上で文書を作成する方法を大きく分けると, LATEX を使用する方法と, ワープロソフトを使用する方法があります. ワープロソフトでは, 最終的な仕上がりのイメージを, スクリーン上で確認しながら編集作業を進めていくことができます.

一方で, LATEX を用いた文書作成では, 内容を表す原稿に対して,「この部分は『章の題名』である」,「このあたりにこの図を挿入する」, といった情報を書き加え[†1], その後, 変換ソフトで変換することで, 仕上がりのイメージを得ることができます. この変換作業をコンパイル, 変換ソフトウェアを **LATEX** コンパイラとよびます.

6.2　LATEX ファイルの作成

LATEX を使って文書を作成するためには, まず, 次に示す 4 つのルールに従って LATEX ファイルを作成します.

- ファイルの拡張子は.tex とする
- コメント行の冒頭には '%' を使用する
- LATEX ファイルは必ず \documentclass から始まり, 続いて \begin{document} と書いたあとに本文を書く
- LATEX ファイルの最後に \end{document} と書く

以下に, LATEX ファイルの雛形ともいえる, 基本構成の例を示します.

```
1  \documentclass[option]{class}
2  \begin{document}
3  % ここに本文を書きます(%のあとは行末までコメントなので,文書には出力されません)
4  \end{document}
```

[†1] テキストファイルに, 文章としての情報を付加する記述方法を提供する言語を, マークアップ言語といいます. Web ページを記述している html ファイルでも, マークアップ言語であるハイパーテキストマークアップランゲージ (Hyper Text Markup Language) が使われています.

　文書には，レポートや書籍など，さまざまな種別があり，その種別によって組版の方針に違いがあります．LATEX では，作成する文書の類型に応じて，その方針を選択します．具体的には，作成したい文書に応じて，\documentclass コマンドで，方針を示す**ドキュメントクラス**を指定します．\documentclass の書式は，以下のとおりです．

```
\documentclass [オプション] {ドキュメントクラス}
```

よく用いられる代表的なドキュメントクラスを，**表 6.1** に示します．

表 6.1　用途に応じたドキュメントクラス

用　途	欧　文	和　文
論文	article	jsarticle
本	book	jsbook
報告書	report	jsbook（ただし，オプションを report とする）

　和文に対応したドキュメントクラスでは，すべての見出しが日本語（「第 1 章」など）になります．同様に，欧文に対応したドキュメントクラスでは，すべての見出しが英語（'Chapter 1' など）になります．

　また，オプションを指定すると，より詳細な設定を行うことができます．よく使われるオプションを，**表 6.2** に示します．

表 6.2　ドキュメントクラスのオプション

項　目	設定可能な値
フォントサイズ	10pt, 11pt, 12pt, …
用紙サイズ	a4paper, a5paper, b4paper, b5paper, …
1 段組み／ 2 段組み	onecolumn, twocolumn
片面印刷向き／両面印刷向き	oneside, twoside

　オプションとして設定可能な項目には，それぞれデフォルトの値が設定されており，とくに指定しない限りはデフォルトの値が採用されます．たとえばフォントサイズは，とくに指定しない限り，デフォルトの 10 ポイントと設定されます．

　\documentclass と \begin{document} の間の領域は，**プリアンブル**とよばれ，ここには本文は記述しません．

　文書の本文は，\begin{document} から \end{document} の間に記述します．

```
1  \documentclass[11pt, twocolumn]{jsarticle}
```

```
2   %ここがプリアンブル
3   \begin{document}
4   %ここが本文
5   \end{document}
```

プリアンブルでは，余白設定や，印刷幅指定，ページ番号レイアウトなど，ドキュメントクラスやオプションでは定義できない，細かな組版方式を設定することができます．

また，LaTeX では，さまざまな**パッケージ**を読み込むことで，機能を拡張することができます．たとえば，特殊な数学記号を使用するためのパッケージ amsmath や，作図ソフトで作成した図を文書に挿入するためのパッケージ graphicx などがあります．パッケージの読み込みは，プリアンブルに \usepackage コマンドを使って記述します．以下の例では，amsmath パッケージと graphicx パッケージの読み込みを指定しています．

```
1   \documentclass[11pt, twocolumn]{jsarticle}
2   \usepackage{amsmath}
3   \usepackage{graphicx}
4   \begin{document}
5   %ここが本文
6   \end{document}
```

6.2.1 │ 章立て

書籍や論文，レポートといった文章は，部，章，節などから構成されています．この構成のことを「章立て」といいます．

LaTeX では，章立てを行うためのコマンドがあり，これらを利用することで，文章を所望の構造に分割できるだけでなく，章節に応じて見出し文字の大きさを自動的に設定できます．

表 6.3 に，章立てのためのコマンドを示します．ただし，ドキュメントクラスによっては，章立てコマンドの一部が利用できないものもあります．たとえば，ドキュメントクラス article や jsarticle では，\chapter は利用できません．

LaTeX では，各章・各節の番号は，コンパイル時に自動的に判定して決定されます．もし，章節に番号を付けたくないときは，'\chapter*{}' のように，コマンドに続いて '*' を入力します．以下に，* を付けていない場合と付けた場合の，LaTeX の記述例と出力を示します．出力結果から，'*' を入力した場合，項番号が付いていないことがわかります．

表 6.3　章立てコマンドの一覧

コマンド	章　節
\part{タイトル}	部
\chapter{タイトル}　((js)article では使用不可)	章
\section{タイトル}	節
\subsection{タイトル}	項（小節）
\subsubsection{タイトル}	小々節
\paragraph{タイトル}	段落
\subparagraph{タイトル}	小段落

```
 1  \documentclass[11pt, twocolumn]{jsbook}
 2  \usepackage{amsmath}
 3  \usepackage{graphicx}
 4  \begin{document}
 5  \chapter{基本操作}
 6  \section{UNIX}
 7  \subsection{UNIX開発の歴史}
 8  \subsection{Linux}
 9  \subsection{仮想環境}
10  \section{GUIとCUI}
11  \subsection*{GUI}
12  \end{document}
```

第 1 章

基本操作

1.1　UNIX

1.1.1　UNIX 開発の歴史

1.1.2　Linux

1.1.3　仮想環境

1.2　GUI と CUI

GUI

6.2.2 | 改　行

LATEX ファイル内の行末の改行は，基本的に無視されます．ファイル内で改行を行っても，コンパイルして得られる文章では改行されません．

文書上で改行したいときには，次の例のように，1 行以上の空行を入れます．こうすることで，現在の段落の終了と次の段落の開始を表すことができ，改行と改行後の字下げが行われます．

また，段落を改めない改行は，'\\' を使います．'\\' による改行では改行後の字下げが行われません．章や節のタイトルの改行など，字下げをしない改行に使用します．

空行による段落の更新と，'\\' による改行の違いを，以下の記述例とその出力で確認しましょう．

```
1  \begin{document}
2  改行します
3
4  このように空行を入れると，新たな段落として改行してくれます．
5  また，改行後には自動的に字下げまでしてくれます．一方，\\と入力すると，字下げを伴わない改
   行となります．
6  \end{document}
```

> 　改行します
> 　このように空行を入れると，新たな段落として改行してくれます．また，
> 改行後には自動的に字下げまでしてくれます．一方，
> と入力すると，字下げを伴わない改行となります．

6.2.3 | 空　白

TEX では，半角スペース ' ' を入力することで，文字と文字の間に空白を入れることができます．この空白の長さは，行全体のバランスをとるために，伸縮することがあります．また，半角スペースを，' ' のように 2 つ以上続けて入力しても，1 つの ' ' と同じはたらきしかしません．また，' ' の位置で改行された場合には，改行前の行の最後にも，改行後の行の先頭にも空白は入りません．

表 6.4　本文中の空白

コマンド	意　味
\ （\のあとに半角スペースを 1 つ入れます）	文字 'M' の幅の空白
\,	文字 'M' の 1/6 の幅の空白
~	ここで改行されない文字 'M' の幅の空白
\hspace{長さ}	指定された長さ （長さの単位は表 6.9 を参照）

　短い間隔の空白・一定の長さの空白を入れるためのコマンドや，空白位置で改行されないコマンドがあります．これらを**表 6.4** に示します．

　これらの空白コマンドの記述例とその出力は，以下のようになります．

```
1  \begin{document}
2  a b\,c\ \ d~e\hspace{1cm}f
3  \end{document}
```

```
a bc d e      f
```

6.2.4　フォント

LᴬTᴇX では，文書の一部を異なるフォントタイプに変えることができます．ある文字列のフォントタイプを変更したいときには，**表 6.5** に示す，所望のフォントタイプに対応するコマンドに続けて，対象となる文字列を '{ }' で囲んで記述します．

表 6.5　異なるフォントタイプの利用

コマンド	出力後のフォント	コマンド	出力後のフォント
\textrm{roman}	roman	\textsf{sans-serif}	sans-serif
\textbf{bold}	**bold**	\textit{italic}	*italic*
\textsl{slant}	*slant*	\textsc{Small}	Sᴍᴀʟʟ

　ただし，日本語では，\textrm と \textbf 以外のフォント指定は無視されます．日本語で \textrm を指定した場合には明朝体，\textbf は**ゴシック体**となります．

　フォントだけでなく，文字のサイズも変更することができます．文字列の文字サイズを指定するコマンドを，**表 6.6** に示します．文字サイズを変える場合には，'{' の直後に，文字サイズを指定するコマンドを記述し，空白を入れたあとに対象となる文字列を記述します．最後に，'}' で閉じます．

　次の例で，フォントと文字サイズの指定を確認しましょう．

表 6.6　異なるフォントサイズの利用

コマンド	出力後のフォントサイズ
{\tiny tiny}	tiny
{\scriptsize scriptsize}	scriptsize
{\footnotesize footnotesize}	footnotesize
{\small small}	small
{\normalsize normalsize}	normalsize
{\large large}	large
{\Large Large}	Large
{\LARGE LARGE}	LARGE
{\huge huge}	huge
{\Huge Huge}	Huge

```
1  \begin{document}
2  ゴシック体となるように\textbf{フォント}タイプを指定してみました.
3  この指定は\textit{無視}されていますね.
4  また，{\scriptsize 文字}{\Large サイズ}も変えてみると{\LARGE 面白}い\textbf{\
   large です}ね.
5  {\large \textbf{これ}}は，\textbf{\large これ}と書いても大丈夫.
6  \end{document}
```

> 　ゴシック体となるように**フォント**タイプを指定してみました. この指定は
> *無視*されていますね. また, 文字サイズも変えてみると面白いですね.
> **これ**は, **これ**と書いても大丈夫.

6.3　環　境

　一般的な文章の記述とは異なり, 箇条書きや引用文, 数式などを記述したいとき, そ
れぞれに応じた組版をすると, 文書が読みやすくなります. LaTeX では, 特別な組版
方式を指定する仕組みとして, **環境**が用意されています.

　希望する組版方式を始めたいところに \begin{environment} を記述して, 環境の
始まりを宣言します. そして, 元の組版方式に戻るところで, \end{environment}
を記述して, 環境を終了させます. \begin{environment} と \end{environment}
の 'environment' の部分には, 指定する環境名を書き込みます.

以下で，いくつかの代表的な環境を見ていくことにしましょう．

6.3.1 │ 箇条書き

箇条書きのための環境には，記号付き箇条書きの itemize，数字付き箇条書きの enumerate，見出し付き箇条書きの description の3種類があります．箇条書き環境の中で，箇条書きする項目は，\item で始めます．また，階層的な箇条書きも可能です．

itemize と enumerate の記述例と，その出力例を確認しましょう．

```
1  \begin{itemize}
2   \item 項目 1
3   \item 項目 2
4   \begin{itemize}
5    \item 項目 2-1
6    \begin{itemize}
7     \item 項目 2-1-1
8     \item 項目 2-1-2
9    \end{itemize}
10    \item 項目 2-2
11   \end{itemize}
12  \end{itemize}
13
14  \begin{enumerate}
15   \item 項目 1
16   \item 項目 2
17   \begin{enumerate}
18    \item 項目 2-1
19    \begin{enumerate}
20     \item 項目 2-1-1
21     \item 項目 2-1-2
22    \end{enumerate}
23    \item 項目 2-2
24   \end{enumerate}
25  \end{enumerate}
```

上記のような記述を行った場合の出力結果は，以下のようになります．階層的な箇条書きを行った場合には，自動的に箇条書きの見出し（●, − など）が変化します．

- 項目 1
- 項目 2
  - 項目 2-1
    * 項目 2-1-1
    * 項目 2-1-2

```
        − 項目 2-2

   1. 項目 1
   2. 項目 2
      (a) 項目 2-1
         i. 項目 2-1-1
        ii. 項目 2-1-2
      (b) 項目 2-2
```

見出し付き箇条書きの description では，\item[見出し名] のように記述します．'[見出し名]' の部分を変更することによって，箇条書き項目の見出しを指定できます．

```
1  \begin{description}
2   \item[理科] 項目 1
3   \item[社会] 項目 2
4  \end{description}
```

上記の記述に対する出力結果は，以下のとおりです．

```
   理科　項目 1
   社会　項目 2
```

6.3.2 | 引　用

ほかの文献から文章を一部引用したいときには，quote 環境あるいは quotation 環境が利用できます．これらの環境を使用することで，左右に大きめの空白が入るため，囲まれた文章が引用であることを明示できます．quote と quotation の違いは，引用文に対して字下げがなされるか否かです．quotation では引用文の各段落に対して字下げがなされるので，長文を引用したいときに利用します．

```
1  quote 環境を使って文章を引用してみると
2  \begin{quote}
3  quote環境は複数段落にわたる引用文を記述したとき，字下げがされません．
4
5  そのため，短い文章の引用に適しています．
6  \end{quote}
```

```
 7  となります.
 8
 9  一方で,quotation環境を使って文章を引用してみると
10  \begin{quotation}
11  quotation環境を利用すると,複数段落にわたる引用文を記述したとき,自動的に字下げがなされ
12  ます.
13
14  そのため,長い文章の引用に適しています.
15  \end{quotation}
16  となります.
```

上記のような記述に対する出力結果は，以下のようになります.

---

quote 環境を使って文章を引用してみると

quote 環境は複数段落にわたる引用文でも，字下げがされません.
そのため，短い文章の引用に適しています.

となります.
一方で，quotation 環境を使って文章を引用してみると

quotation 環境を利用すると，複数段落にわたる引用文を記述したと
き，自動的に字下げがなされます.
そのため，長い文章の引用に適しています.

となります.

6.3.3 │ 入力どおりの表示

LᴬTEX のコマンドで使用される '\' や '_' などの特殊な文字は，そのまま記述して
も，LᴬTEX のコマンドとして解釈されて，ソースコードがうまく表示されなかったり，
コンパイル時にエラーが出力されたりします.

特殊な文字を LᴬTEX で出力させる方法の 1 つ目は，これらの文字を表す LᴬTEX の
コマンドを使う方法です.

たとえば，'\' は，'\textbackslash' と表記することで出力できます. また，'_' は，
'_' と表記します.

一方,特殊文字を含むコマンドや関数など,特殊文字が続くような場合には,その 1 つ
ずつをコマンドに置き換えるのは面倒な作業です. そこで,連続する文字列を,記述さ
れたまま出力する方法として,\verb と \verb* コマンドがあります. \verb では,コ
マンドの直後に書かれた文字から再びその文字が現れるまでの文字列を,そのまま出力

します．たとえば，'\verb+#include <stdio.h>+' であっても，'\verb|#include <stdio.h>|' であっても，'#include <stdio.h>' が出力されます．

また，\verb* コマンドは，\verb と同様のコマンドですが，文字列に半角スペースが含まれている場合，半角スペースが空白記号 (␣) として表示されます．

一方，特殊文字を複数含む文章やプログラムリストのように，複数行にわたりそのまま出力したい場合，コマンドを使った記述は手数がかかります．こういった場合には，verbatim 環境，あるいは verbatim* 環境を使います．

これらの環境内で記述された文字列は，解釈されることなく，記述されたとおりに出力されます．

verbatim と verbatim* の違いは，verbatim* では，各半角スペースが空白記号として表示されることです．

以下に，verbatim, verbatim* の記述例と，その出力を示します．

```
 1  \begin{verbatim}
 2  #include <stdio.h>
 3  int main(int argc, char *args[])
 4  {
 5      printf("Hello, world!\n");
 6      return 0;
 7  }
 8  \end{verbatim}
 9
10  \begin{verbatim*}
11  #include <stdio.h>
12  int main(int argc, char *args[])
13  {
14      printf("Hello, world!\n");
15      return 0;
16  }
17  \end{verbatim*}
```

```
#include <stdio.h>
int main(int argc, char *args[])
{
    printf("Hello, world!\n");
    return 0;
}

#include␣<stdio.h>
int␣main(int␣argc,␣char␣*args[])
```

```
{
␣␣␣␣printf("Hello,␣world!\n");
␣␣␣␣return␣0;
}
```

verbatim や verbatim* 環境で注意することに，'Tab' の取り扱いがあります．ソースコードが [Tab] キーによって字下げされている場合，verbatim では Tab スペースを半角スペース 1 個分として扱うため，文書上での位置がずれてしまいます．このため，字下げされたソースコードを挿入するときには，適当な数の空白を挿入する必要があります．

6.4　図表の挿入

6.4.1　表の作成・挿入

表を作成・挿入したいときには，table 環境と tabular 環境を利用します．table は，表番号やキャプション，相互参照のためのラベルをつけるために使用します．tabular は，表の実体を記述するために使用します．

以下は，**表 6.7** を出力するための記述です．

```
 1  \begin{table}[tb]
 2   \caption{各方法の定性的評価}
 3   \label{table:evaluation}
 4   \centering
 5   \begin{tabular}{|c|lcr|} \hline
 6      各手法 & 遅延 & トラヒック & クオリティ \\ \hline
 7      方法A & Excellent & Bad & Bad \\ \hline
 8      方法B & Bad & Excellent & Good \\ \hline
 9      方法C & Good & Excellent & Excellent \\ \hline
10   \end{tabular}
11  \end{table}
```

表 6.7　各方法の定性的評価

各手法	遅延	トラヒック	クオリティ
方法 A	Excellent	Bad	Bad
方法 B	Bad	Excellent	Good
方法 C	Good	Excellent	Excellent

以下，上記の例で使用している環境やコマンドについて説明していきます．

■ **table 環境**

'\begin{table}' に続く '[tb]' は，表の出力位置を指定するオプションです．
表6.8 に，出力位置として指定可能な記号（パラメータ）とその意味を示します．

表6.8 `table`, `figure` 環境における出力位置

パラメータ	意 味	パラメータ	意 味
h	現在の位置	t	ページの上部
b	ページの下部	p	次ページに図表のみのページを作成

表の出力位置を指定しないときは，オプションとして '[htbp]' が入力されていると
みなされます．

表の出力位置指定の記号を複数設定する場合には，それらの記号の順序には意味は
なく，常に h→t→b→p の順に配置が試みられます．たとえば，[hbp] と入力されて
いる場合には，まず現在の位置に配置を試み，それができない場合ページの下部に，そ
れもできない場合は，次ページに表のみのページを作成し，そこに配置します．

また，表にキャプションをつけたいときには，3行目にある\caption{キャプショ
ン名} コマンドを記述します．

レポートや論文で表にキャプションをつけるときは，表の上部にキャプションを記述
することが一般的です．そこで，\caption{キャプション名} は，'\begin{table}[tb]'
に続けて記述します．

また，各表に対して \label{タグ名} コマンドを用いることで，タグをつけること
ができます．設定したタグは，同表を文章中で参照したいときに使用することができ
ます．この機能は相互参照とよばれます（詳しくは6.6節参照）．タグを用いた相互参
照では，タグ付けされた表などの位置が入れ替わっても，著者の手を煩わすことなく，
自動で番号が振り直されます

4行目にある \centering は，表や図を文書の中央に表示するためのコマンドです．

■ **tabular 環境**

'\begin{tabular}' に続く '{|c|lcr|}' は，表の形式を指定しています．この '{
}' 内の文字 'l'，'c'，'r' の1つずつが，表の列に対応しています．つまり，表の列の
数に応じて，1列ごとにこれらの文字で指定する必要があります．

'l'，'c'，'r' の違いは，列の文字を左揃えとするか，中央揃えとするか，あるいは右
揃えにするかの違いとなります．ある列を左揃えで表示したいときは 'l'，中央揃えで
表示したいときは 'c'，右揃えで表示したいときは 'r' で指定します．列間で縦罫線を

入れたいときには，列を表す文字の間に ‘|’ と記入します.

　たとえば，上記の例の ‘{|c|lcr|}’ の場合，表は4列から構成され，1列目の左側，1列目と2列目の間，4列目の右側に縦罫線が入ります. また，1列目は中央揃え，2列目は左揃え，3列目は中央揃え，4列目は右揃えで表示されます.

　列の幅は，実際に記述される列の要素の長さによって自動的に決定されます. 複数の行で構成される表の場合には，同じ列の各行の要素中で最も長い要素の長さによって，列の幅が決まります.

　列の幅を固定したい場合には，‘l’, ‘c’, ‘r’ などのかわりに ‘p{ }’ を使い，p{20mm} といったように，‘{ }’ の中に列の長さを記述して指定します.

　LaTeX で長さを指定する際に使うことができる単位を，**表 6.9** に示します.

表 6.9　長さの単位

単　位	概　　要	長　さ
pt	ポイント	$1/72.26$ in
in	インチ	2.54 cm
mm	ミリメートル	0.1 cm
cm	センチメートル	10 mm
pc	パイカ	12 pt
bp	ビッグポイント	$1/72$ in
sp	スモールポイント	$1/65536$ pt
em	欧文フォント ‘M’ の幅	
zw	和文フォントの幅	
ex	欧文フォント ‘x’ の高さ	
zh	和文フォントの高さ	

　各列に対する要素を記述するときには，各要素の間に区切り文字 ‘&’ を挿入して，各要素がどの列に対応するか明示します. また，表の各行の最後には，‘\\’ を記述する必要があります. 行間で横罫線を引きたいときには，‘\\’ に続いて \hline と記述します.

　このほかにも，複数の項目を複雑結合するための multicolumn コマンドや，小数点の位置を揃えることができる dcolumn パッケージを利用して，複雑な表を作成することもできます.

6.4.2　図の挿入

　LaTeX を用いて作成する文書に図を貼り付けたいときは，EPS という形式（7.1 節参照）で記述された図を使用することが一般的です.

　EPS 形式の図を文書に挿入したいときには，figure 環境と \includegraphics コ

マンドを使用します．\includegraphics コマンドを LaTeX ファイル上で使用するためには，プリアンブルに '\usepackage[driver]{graphicx}' と記述して，graphicx パッケージを読み込む必要があります．

ここで，'[driver]' には，LaTeX でコンパイルしたあと，どの出力ソフト（ドライバとよびます）を使用して文書に画像を取り込むかを記述します．たとえば，dvipdfmx ドライバを使用して PDF ファイルとして文書を出力したいときには，'[dvipdfmx]' と記述します．一方で，dvips ドライバを用いて PostScript ファイル（7.1 節参照）として文書を出力したいときには，'[dvips]' と記述します．文書の出力については，6.8 節で後述します．

続いて，図を挿入したい箇所で，figure 環境と \includegraphics コマンドを記述します．ここでは，カレントディレクトリ上に fig というディレクトリが存在しており，fig ディレクトリには，文書中に挿入したい sin.eps という図が含まれているものとします．

たとえば，以下のような記述を行った場合，**図 6.1** のように図を表示させることができます．

```
1  \begin{figure}[htb]
2    \centering
3    \includegraphics[scale=0.4]{./fig/sin.eps}
4    \caption{$\sin(x)$のグラフ}
5    \label{fig:sin}
6  \end{figure}
```

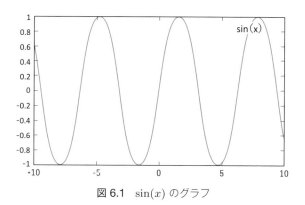

図 6.1　$\sin(x)$ のグラフ

この例で，\includegraphics に続く '[scale=0.4]' は \includegraphics に対するオプションで，sin.eps の大きさを 0.4 倍にして表示することを指定しています．図の大きさは scale（倍率）だけでなく，width=50mm といったように，width（横

幅）や height（縦幅）を直接指定することもできます.

　図に対するキャプションや相互参照のためのタグを設定したいときには，figure 環境を使用します．figure 環境では，table 環境と同様に，'\begin{figure}' に続いて図の配置位置を設定することができます.

　表 6.8 に示したパラメータは，figure でも同じように使用できます.

　図のキャプションは，表のキャプションとは異なり，図の下に表示することが一般的です．そのため，figure 環境では，通常 \caption コマンドを，\includegraphics コマンドの下に記述します.

6.5　数　式

　LaTeX を文書作成に利用する一番のメリットは，複雑な数式を記述でき，しかも美しく表示できることです．LaTeX には，数式を記述するための命令や環境が数多く存在しています．ここでは，数式を記述する際の基本ルールについて説明します.

　LaTeX 文書に数式を記述したいとき，数式の長さなどに応じて，文中に数式を埋め込んだり，数式だけの段落を作ったり，数式番号をつけて数式だけの段落を作ったりすることができます．文中に短い数式を埋め込みたいときには，数式を '$ $' で囲みます.

　'$ $' を使った記述例と，それによる出力を以下に示します.

```
1  ここで，$f(x) = x^2$とする.
```

　　ここで，$f(x) = x^2$ とする.

　また，もし，数式だけの段落を作りたいときには，次のように '\[' と '\]' で数式を囲みます.

```
1  ここで，\[f(x) = x^2\]とする.
```

　　ここで，
$$f(x) = x^2$$

> とする.

さらに，数式に式番号をつけたいときは，equation 環境を使用します.

```
1  ここで,
2  \begin{equation}
3  \label{eq:2ndorder}
4  f(x) = x^2
5  \end{equation}
6  とする.
```

> ここで,
>
> $$f(x) = x^2 \tag{6.1}$$
>
> とする.

equation 環境で設定した数式番号を，文中で相互参照機能を用いて参照したいときには，\label{タグ名} コマンドを，\begin{equation} コマンドの直後に挿入します. そして，参照したい場所で (\ref{タグ名}) コマンドを書くことで，タグ名に対応する数式番号を参照できます. このとき，文書内の数式の数や出現順序が変化しても，LATEX が自動的に適切な数式番号を割り当てるため，ひとつひとつ数式番号を変更するといった操作は必要ありません.

次に，複数の式をイコール (=) の位置で揃えるには，align 環境を使います. align を使用するためには，プリアンブルに \usepackage{amsmath} と記述して，amsmath パッケージを読み込む必要があります.

```
1  \begin{align}
2  1 + 2 + \cdots + n &= \sum_{k=1}^{n} k \nonumber \\
3                     &= \frac{n(n+1)}{2}
4  \end{align}
```

このように，揃えたい '=' の左に '&' を，改行したいところに '\\' を配置します. 最後の行に '\\' を付けてしまうと余分な空行ができてしまうので，付けないように注意しましょう.

$$1 + 2 + \cdots + n = \sum_{k=1}^{n} k$$
$$= \frac{n(n+1)}{2} \tag{6.2}$$

特定の式に式番号を付けたくないときには，上の例のように，数式を記述したあとに \nonumber を挿入します．また，すべての式に式番号を付けたくないときには，align 環境のかわりに align* 環境を使います．

6.5.1 │ 数式環境での空白の取り扱い

数式環境では，入力された半角スペースはすべて無視されます．たとえば，数式中にスペースを入れるために 'x, y' と書いても，'$x,␣␣␣␣␣␣y$' と書いても，同じく 'x, y' と出力されます．

数式環境で強制的にスペースを入れたいときには，表 6.10 に示すコマンドを使用します．それぞれのコマンドを使用したとき，どの程度のスペースが入るのかは，以下の例を参考にするとよいでしょう．

表 6.10　数式環境における空白

空白の指定	意　味
\quad	現在のフォントサイズに等しい幅の空白
\qquad	\quad の倍の空白
\,	\quad の 3/18 の空白
\>	\quad の 4/18 の空白
\;	\quad の 5/18 の空白
\!	\quad の −3/18 の空白

```
1  $a, \quad b, \qquad c, \, d, \> e, \; f, \! g $
```

$a, \quad b, \qquad c, d, e, f, g$

6.5.2 │ 数式におけるフォントの取り扱い

数式の中では，フォントの扱いについて，次のような注意が必要となります．

- **文中に数式や変数を埋め込むときは '$ $' で数式や変数を囲む**

  ある数式を独立した式としてではなく文中に埋め込みたいときや変数を文中に含めたいときは，数式や変数をそのまま文中に記述すると，「式 (1) の x は…」のようにローマン体で表示されてしまいます．通常，数式や変数はイタリック体で記述することから，「式 (1) のxは…」のように '$ $' で文中の数式や変数を囲むことで，「式 (1) の x は…」のように文中にイタリック体で埋め込むことができます．

- **三角関数や対数関数などの関数はローマン体で書く**

  三角関数 sin x や対数関数 log x をすべて '$ $' で囲むと，'$sinx$'，'$logx$' のように，すべてイタリック体で表示されます．このような表記は読みづらいだけでなく，変数同士の乗算 '$s \cdot i \cdot n \cdot x$' という誤読を招くこともあります．このような関数を埋め込みたいときには，特別なコマンドとして \sin や \log が用意されています．

  たとえば，'$\log x$' と入力すると，'$\log x$' のように出力されます．このほかにも，さまざまな数学関数の記述のための，特別なコマンドが用意されています．

6.6 相互参照

　書籍や論文では，図や表に「図 11」や「表 3」といった通し番号がその出現順に振られ，それによって本文中での参照指示が行われます．また，編集過程における図や表の追加や削除，順番の入れ替えによって，番号の振り直しを行う必要があります．このときには，キャプションの番号と，本文中の番号の両方を修正しなければなりません．

　LaTeX では，図や表に対する本文からの参照関係を明示しておくことができます．こうすることで，コンパイル時に，参照される側である図や表に自動的に通し番号を振り，さらに，参照する側にはその番号が埋め込まれます．この参照される・するの関係を，**相互参照**といいます．

　LaTeX の相互参照を支援する機能によって，数式や図表の場所を変更した場合でも，人間が，文章中でそれぞれを参照していた番号をひとつひとつ付け替える必要がなく，見落としによる付け替えミスの発生を防げます．

　相互参照を利用したいときには，まず参照したい環境や章節に \label{タグ名} を記述して，タグ付けをします．

　その後，文章中で図表番号や数式番号を参照したい場所で \ref{タグ名} と入力することで，対応する番号を参照することができます．

　なお，相互参照機能を利用するときには，LaTeX コンパイラによるコンパイルが，必ず 2 回必要になります（詳しくは 6.8 節参照）．

　相互参照の記述例と出力を，以下に示します．

```
 1  ここで，
 2  \begin{equation}
 3  \label{eq:3rdorder}
 4  f(x) = x^3
 5  \end{equation}
 6  \begin{equation}
 7  \label{eq:gx}
 8  g(x) = x
 9  \end{equation}
10  とする．このとき，式 (\ref{eq:3rdorder})と式 (\ref{eq:gx})より，以下のことがわかる．
```

　　ここで，

$$f(x) = x^3 \qquad (6.3)$$

$$g(x) = x \qquad (6.4)$$

とする．このとき，式 (6.3) と式 (6.4) より，以下のことがわかる．

6.7　参考文献の記述

　文書を作成するときにあたって参考にした文献（本や論文など）があるときは，その引用を明記するとともに，文献の出典を明らかにする必要があります．このとき，参考にした文献のリストは，一般に文書の末尾に追加します．

　文献リストを作成したいときは，LaTeX ファイル内の \end{document} の前に \begin{thebibliography} と \end{thebibliography} で囲まれた領域を用意し，この領域内に文献リスト情報を記述します．下の例で，\begin{thebibliography} に続く {9} は，文献数に応じた文献リストのフォーマットを指定しています．文献数が 9 件以下であれば '{9}'，文献数が 10 から 99 件であれば '{99}' と記述します．

　\begin{thebibliography} と \end{thebibliography} で囲まれた領域内では，\bibitem{タグ名} コマンドを使って，文献ごとに一意のタグを設定したあと，文献情報を記述します．タグ付けした文献を文章中で引用したいときには \cite{タグ名} と記述することで，対応する文献番号が '[ ]' で囲まれた状態で出力されます（参考文献の参照は，\ref を使用しないことに注意しましょう）．

　文献リストをこのように記述することで，図や表の相互参照で番号が自動で振られたように，文献の番号も自動的に振られ，また，参照する側にも，自動的に番号が埋め込まれます．

　なお，相互参照機能と同様に，文献リストを作成する際には，LATEX コンパイラによるコンパイルが最低 2 回は必要になります．

　参考文献の記述例と出力を以下に示します．

```
1  \documentclass[a4paper]{jsarticle}
2  \begin{document}
3  \LaTeX を詳しく知りたい場合には，Knuth が発表した文献~\cite{knuth86}，あるいは，日本語
   で書かれた奥村先生による文献~\cite{奥村 17}などを参照するとよいでしょう．
4  \begin{thebibliography}{9}
5  \bibitem{knuth86}
6        D.E.~Knuth, D.~Bibby, and I.~Makai,
7        {\em The TEXbook}, Addison-Wesley Reading, 1986.
8  \bibitem{奥村 17}
9        奥村晴彦，黒木 裕介，{[改訂第 7版]\LaTeXe 美文書作成
10       入門}，技術評論社，2017.
11 \end{thebibliography}
12 \end{document}
```

　LATEX を詳しく知りたい場合には，Knuth が発表した文献 [1]，あるいは，日本語で書かれた奥村先生による文献 [2] などを参照するとよいでしょう．

参考文献

[1] D.E. Knuth, D. Bibby, and I. Makai, *The TEXbook*, Addison-Wesley Reading, 1986.

[2] 奥村晴彦, 黒木裕介, [改訂第 7 版]LATEX 2ε 美文書作成入門, 技術評論社, 2017.

6.8 LᴬTᴇX ファイルから文書ファイルへの変換

作成した LᴬTᴇX ファイルから閲覧可能な文書ファイルを生成したいときには，コンパイルすることで PostScript や PDF などに変換することができます（図 6.2）．文書ファイルに変換する手順としては，LᴬTᴇX ファイルをコンパイルして DeVice Independent (DVI) ファイルに変換したあと，PostScript ファイルあるいは PDF ファイルを生成する方法と，LᴬTᴇX ファイルを一度に PDF ファイルに変換する方法があります．

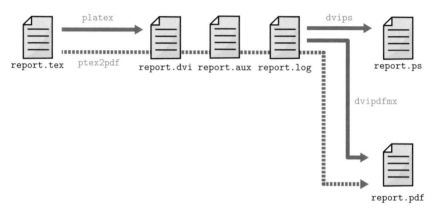

図 6.2 LᴬTᴇX による文書作成の流れ

LᴬTᴇX ファイルをコンパイルして DVI ファイルに変換するためには，`platex` コマンドを利用します．

`platex` の書式は，以下のとおりです．

```
platex LᴬTᴇX ファイル
```

たとえば，LᴬTᴇX ファイル `report.tex` のコンパイルは，以下のように実行します．

LᴬTᴇX ファイルのコンパイル

```
$ platex report.tex
```

`report.tex` を `platex` でコンパイルすると，以下の 3 つのファイルが出力されます．

- `report.aux`：LᴬTᴇX 内部での情報参照に利用される補助ファイルで，相互参照や目次の作成で利用されます．

- `report.log`：LATEX のコマンド実行時に出力されたメッセージを格納するログファイルです.
- `report.dvi`：LATEX ファイルをコンパイルしたとき, 出力される文書のイメージを表示します. DVI は DeVice Independent の略であることからもわかるように, ディスプレイやプリンタなどのデバイスに依存せず, イメージを閲覧できます.

もし, 作成した LATEX ファイル内に文法の間違いがあると, エラーメッセージが表示され, コンパイルが中断されます.

エラーメッセージ

```
$ platex report.tex
This is e-pTeX, Version 3.14159265-p3.8.0-180121-2.6 (sjis)
(TeX Live 2017/W32TeX) (preloaded format=platex) ...
(./report.tex
pLaTeX2e <2017/10/28>+4 (based on LaTeX2e <2017-04-15>) ...
 Undefined control sequence.  1.3 \test
?  x  ↑未定義の命令を使用したエラー
```

エラーメッセージによってコンパイルが中断した場合は, $\boxed{\text{x}}$ を入力して LATEX を終了します. この後, エラーメッセージに従って LATEX ファイルを修正する必要があります.

上記の例では, 'Undefined control sequence.', '1.3 \test' と表示されており, 3 行目に未定義のコマンド \test が使われていることがわかります.

コンパイルが成功すると, aux ファイルが生成されます. ただし, 一度の実行では, LATEX ファイルに入力された情報を収集するだけで留まり, 目次の作成, 索引の作成, 相互参照機能の利用, 参考文献の作成ができません. このとき, もう一度コンパイルすることで, 補助ファイル report.aux の情報を用いることができます.

C olumn

相互参照および参考文献機能を利用したとき, コンパイルを 2 回実行する必要があります.

1 回目のコンパイル時には, LATEX ファイル内の図表や式, 章節に割り当てられた '\label{タグ名}' や, 文中の '\ref{タグ名}', '\cite{タグ名}', '\bibitem{タグ名}' を読み取って, 番号付けの情報や参考文献のリストを aux ファイルに出力します. ただし, 1 回目のコンパイルでは, aux ファイルにこれらの情報を保存するだけで, 参照する側に番号を埋め込むことはできません. 1 回目のコンパイル後には, \ref{タグ名} コマンドを用いた箇所には '??', \cite{bibtag} コマンドを用いた箇所には '[?]' と出力されます.

2 回目のコンパイルでは, 1 回目のコンパイルで出力された aux ファイルを読み取ることで, 参照する側に出現順に基づく番号を埋め込むことができます.

コンパイル後に得られる DVI ファイルは，PostScript に対応した PS ファイルに変換する方法と，PDF ファイルに変換する方法があります．DVI ファイルから PS ファイルを作成するためには，生成された DVI ファイルに対して，以下のように `dvips` コマンドを入力します．

```
dvips DVI ファイル
```

たとえば，元となる DVI ファイルが `report.dvi` であるときは，次のように入力します．

PS ファイルの生成
```
$ dvips report.dvi
```

コマンドを実行すると，`report.dvi` と同一のディレクトリに `report.ps` が生成されます．

一方，DVI ファイルから PDF ファイルを出力したい場合は，以下の `dvipdfmx` コマンドを使用します．

```
dvipdfmx DVI ファイル
```

コマンド実行後には，同一ディレクトリに `report.pdf` が生成されます．

PDF ファイルの生成（DVI ファイルから生成）
```
$ dvipdfmx report.dvi
```

`platex`, `dvipdfmx` を経由することなく，LaTeX ファイルから PDF ファイルを 1 つのコマンドで生成する方法もあります．LaTeX ファイルから PDF ファイルを生成するためには，`ptex2pdf -l` コマンドを使用します．

```
ptex2pdf -l LaTeX ファイル
```

コマンド実行後には，LaTeX ファイルと同一のディレクトリに PDF ファイルが生成されます．

PDF ファイルの生成（LATEX ファイルから生成）

```
$ ptex2pdf -l report.tex
```

実　習

6-1 記号付き箇条書き環境 `itemize` では，記号をの見た目 '\renewcommand{\labelitemi}{$\star$}' や '\renewcommand{\labelitemii}{$\circ$}' とすることで変更できます．これらのコマンドを使い，箇条書きの記号をいろいろと変えてみよう．また，これらのコマンドを記述する位置など，不明な点を調べてみよう．

6-2 次の (1)〜(3) に示す LATEX ファイル内の，誤ったコマンドの使用法を指摘しよう．

(1)

```
1  上述の式において，$f(x) = x^2 tan x$ とする
```

(2)

```
1  \begin{figure}[htb]
2   \centering
3    \caption{$\exp(x)$のグラフ}
4    \includegraphics[scale=0.4]{./fig/exp.eps}
5   \label{fig:exp}
6  \end{figure}
```

(3)

```
1  \documentclass[a4paper]{jsarticle}
2  \begin{document}
3  論文の書き方や実験系レポートの書き方は木下による図書~\ref{木下 81}，あるいは，本田による図書~\ref{本田 15}などを参照しなさい．
4  \begin{thebibliography}{9}
5   \label{木下 81}
6    木下是雄，{理科系の作文技術}，中央公論新社，1981.
7   \label{本田 15}
8    本田勝一，{【新版】日本語の作文技術}，朝日新聞出版，2015.
9  \end{thebibliography}
10 \end{document}
```

6-3 複数の図表を含むレポートを，LATEX ファイルを使って作成してみよう．作成したレポートは PDF ファイルとして出力すること．ワープロソフトを使用して報告書を作成する場合と比べて，どのような利点・欠点があったか考えよう．

6-4 6-3 に含まれる図表の位置を変更してみよう．LATEX による 1 回目のコンパイル，2 回目のコンパイルで，図表番号と参照している図表番号がどのように変わるか確認しよう．

7

文書作成ツール ―グラフや図を描く

第 6 章でとりあげた LaTeX は，レポートや論文，パンフレット，書籍などの，構造を伴った文書の作成に便利なソフトウェアです．しかし，LaTeX だけでは，図やグラフを描くことは簡単ではありません．本章では，LaTeX を使用して書類を作成する際にあわせて使用すると便利な，グラフや図の作成・編集用のソフトウェアの使い方を紹介します．

7.1　PostScript と gv

PostScript（以下，PS）とは，AdobeSystems 社が開発したページ記述言語であり，プログラミング言語の一種です．PS で記述されたファイルはページに含まれる文字や図形，画像，属性，ページ内での位置などの情報をテキストで記述しているため，エディタを用いてこれらの情報を変更することができます．

また，ほかの PS ファイルに埋め込まれることを想定して，ページ記述言語に一定の規約を設けたファイルが Encapsulated PostScript (EPS) です．たとえば，次のように記述された PS のプログラムは，図 7.1 に示す EPS ファイルを生成します．

```
1  %!PS-Adobe-3.0 EPSF-3.0
2  %%BoundingBox: 160 360 440 640
3  newpath
4  300 500 100 0 300 arc
5  0 0.6 0.8 setrgbcolor
6  80 setlinewidth
7  stroke
8  showpage
```

EPS ファイルは，次の制約を守って記述する必要があります．

- 先頭の行に，次のコメントを記述する
  '%!PS-Adobe-3.0 EPSF-3.0'

図 7.1　プログラム例で記述した EPS ファイル

- 次に，以下のバウンディングボックスコメントを記述する
  '%%BoundingBox:'
- 単一ページにグラフィックスを描画する
- PS の設定を変更するような特殊な処理は利用できない

　EPS ファイルはエディタを用いて作成することもできますが，あとでとりあげる gnuplot や GIMP といったソフトウェアを用いると，簡単に EPS 形式の図やグラフを生成できます．

　PS で記述されたファイルをそのままプリンタで出力したいときには，PS で書かれたプログラムを実行可能なプリンタが必要となります．そこで，PS で書かれたプログラムを実行して，ビットマップという形式としてページを出力するインタプリタ **Ghostscript** が開発されました．ビットマップとして出力されたページは，PS 非対応のプリンタでも印刷することができます．

　また，PS で記述されたページを X Window を介して PC のモニタで確認したいときは，**GhostView**（コマンド名は gv）を利用します．たとえば，dvips コマンドを用いて PS ファイルに変換した LaTeX 文書を閲覧したいときは，以下のように，gv コマンドをターミナル上に入力します．

> gv ［オプション］　PS ファイル名

■ バウンディングボックス

　バウンディングボックスとは，PS ファイルに含まれるグラフィックスについて，それを取り囲む最小の長方形の領域のことをいいます．EPS ファイルでは，ファイル内

のグラフィックスに関するバウンディングボックスの情報を記述する必要があります．これは，バウンディングボックスコメントとよばれます．

バウンディングボックスコメントは，`BoundingBox:`というコマンドを使って，'`%%BoundingBox:llx lly urx ury`' と記述します．ここで，'`llx`'，'`lly`'，'`urx`'，'`ury`' の部分には，整数を記述します．具体的には，(`llx`, `lly`) がバウンディングボックスの左下の頂点の座標，(`urx`, `ury`) が右上の頂点の座標を意味しています．

たとえば，上の例で示した '`%%BoundingBox:160 360 440 640`' は，この EPS ファイルのバウンディングボックスの左下の頂点の座標が (160, 360) で，右上の頂点の座標が (440, 640) であることを意味しています．

実　習

7-1 テキストエディタで EPS ファイルを開いてみよう（後述の gnuplot や GIMP を利用するなど，どのように作成されたものでもかまいません）．また，各 EPS ファイルが，前述のルールに従って作成されているか確認してみよう．もし手元に EPS ファイルがないようなら，後述の gnuplot や GIMP を学んでから確認してみよう．

7-2 一般的なグラフィックスである JPG や PNG と比較して，EPS ファイルで作成したグラフィックスはどのような違いがあるか考えよう．また，その違いを通して，EPS ファイルで定義されたグラフィックスを用いるべき場面について考察しよう．

7.2　gnuplot の使い方

実験やプログラムの実行結果をグラフとして出力したいときには，グラフ描画ソフトである **gnuplot**[†1]（ニュープロット）を利用することができます．gnuplot は，UNIX 用のグラフ描画のためのフリーソフトとして開発されました．多くの研究者や技術者によって利用されており，いまでは，Linux や MacOS のほか，Windows でも利用できます．

7.2.1｜起動・終了

gnuplot は，`gnuplot` コマンドで起動できます．gnuplot が起動すると，プロンプトの表示が '`gnuplot>`' に変化します．これは gnuplot が表示しており，このプロンプト上でさまざまなコマンドを入力することで，所望のグラフを描くことができます．

[†1] 「グニュープロット」ともよばれます．

gnuplot の起動

```
$ gnuplot
...
Terminal type set to 'x11'
gnuplot>   ← プロンプトが$から gnuplot>に変化
```

　gnuplot を終了したいときには, quit と入力します. gnuplot を終了すると, gnuplot のプロンプトからシェルのプロンプトに戻ります.

gnuplot の終了

```
gnuplot> quit
```

7.2.2 関数のプロット

　ある数学関数の 2 次元グラフを描きたいときには plot コマンドを, また, 3 次元グラフを描きたいときには splot コマンドを使います. コマンドをプロンプトに入力すると, 対応するグラフが画面上に表示されます.

```
plot   一変数関数
```

```
splot   二変数関数
```

　たとえば, 2 次関数 $y = x^2$ を描いた 2 次元グラフを表示したいときには, plot コマンドに続けて 'x**2' と入力します. コマンド入力後には, 図 7.2 のように, 2 次関数を描いたグラフが表示されます.

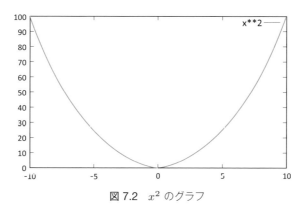

図 7.2　x^2 のグラフ

2 次元グラフへの 2 次関数のプロット

```
gnuplot> plot x**2
```

　図 7.2 を見てわかるとおり，plot コマンド後に生成されるグラフには，縦軸・横軸のラベルが設定されません．また，X 軸・Y 軸の範囲やその刻み，線や点の形などは，指定しない限り自動的に設定されます．

　軸の範囲や軸のラベルを変更するなど，グラフの設定を変更したい場合は，set コマンドを使用します．

```
set  パラメータ  引数
```

　グラフが何について示しているのかわかりやすくするために，たとえば，グラフのタイトル，縦軸・横軸のラベル，X 軸の範囲を変更したい場合は，set を用いて，対応するパラメータである title, xlabel, ylabel, xrange に所望の値を設定します．

　グラフのタイトルを 'Quadratic function' に，縦軸と横軸のラベルを 'X' と 'Y' に変更し，描画範囲を X = −5 から X = 5 までの区間とするためのパラメータ変更のコマンド実行例を，以下に示します．

グラフの設定変更

```
gnuplot> set title "Quadratic function"
gnuplot> set xlabel "X"
gnuplot> set ylabel "Y"
gnuplot> set xrange [-5:5]
gnuplot> replot
```

　パラメータを変更したあとは，グラフに所望の設定が正しく反映されているか確認するために，replot コマンドを使ってグラフを再描画します．replot は，直前に行っ

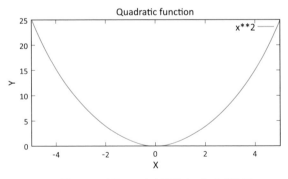

図 7.3　パラメータ変更後の x^2 のグラフ

た plot による描画をもう一度繰り返します．描画する関数の記述などを行う必要が
ないため，画面上で確認後に同じ条件でファイルを生成する場合には，大変便利なコ
マンドです．**図 7.3** に示す再描画後のグラフでは，タイトルや各軸のラベル，X 軸の
範囲が変更されていることがわかります．

7.2.3 | 複数結果の表示

複数の数学関数を並べて比較するなど，1 つのグラフに複数の結果を並べて表示し
たいときは，plot あるいは splot コマンドに続けて，関数等をカンマ (,) で区切っ
て入力します．

> plot 一変数関数 1，一変数関数 2，...

> splot 二変数関数 1，二変数関数 2，...

たとえば，2 次関数 $y = x^2$ と 3 次関数 $y = x^3$ の結果を 1 つの 2 次元グラフにまと
めて表示したいときには，次のように入力します（**図 7.4**）．

x^2 と x^3 のプロット

```
gnuplot> plot x**2, x**3
```

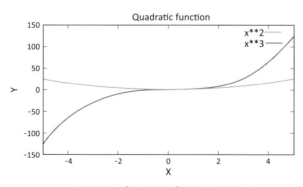

図 7.4　x^2 および x^3 を並べたグフノ

7.2.4 | 出力先の変更

gnuplot で作成したグラフは，通常，ウィンドウ上に表示されます．もし，作成し
たグラフを PS ファイルや EPS ファイルとして出力したいときには，set terminal

コマンドを使用します.

> set terminal　出力先（形式）

set terminal で指定可能な主な出力先を，**表 7.1** に示します.

表 7.1　set terminal で指定できる出力先

指　定	出力先
wxt	標準ターミナル．多くの OS でサポートされている
x11	X Window．UNIX や UNIX 系 OS でサポートされている
epslatex	EPS 形式のファイルと LaTeX のファイル
eps	EPS 形式のファイル．epslatex とみなされ，EPS 形式のファイルと LaTeX のファイルが出力される場合もある
postscript	PS 形式のファイル
png	PNG 形式のファイル
gif	GIF 形式のファイル

　出力先としてファイルを指定した場合には，set output コマンドで，出力先ファイル名を指定する必要があります．なお，出力先を epslatex と指定している場合には（eps が epslatex とみなされる場合も），set output で拡張子が .tex となっているファイル名を指定すると，自動的に拡張子が .eps となっている（拡張子より前の部分が）同名の EPS ファイルも生成されます.

> set output　"出力先ファイル"

　たとえば，EPS 形式のファイルを得たいとして，set terminal で epslatex を指定した場合は，以下のようになります.

EPS ファイルへの出力

```
gnuplot> set terminal eps

Terminal type is now 'epslatex'  ← eps が epslatex とみなされている
Options are ' leveldefault monochrome blacktext \
   dashlength 1.0 linewidth 1.0 pointscale 1.0 butt noclip \
   nobackground
   palfuncparam 2000,0.003 \
   input "" 11 fontscale 1.0 '
gnuplot> set output "test.tex"
gnuplot> replot  ← test.tex と test.eps に書きこまれる
gnuplot> set terminal x11  ← 出力を画面上に戻す
```

```
Terminal type is now 'x11'
Options are ' nopersist enhanced'
```

この例では，EPS 形式のファイルは，`test.eps` という名称で出力されます．あわせて，`test.tex` という名称のファイルも生成されます．

出力先を `epslatex` としたままでは，画面上でグラフを確認ができないので，出力先を画面上に戻すには，たとえば，X Window 環境なら，'`set terminal x11`' を実行します．

出力した EPS ファイルは，LaTeX ファイル上で参照することができます．

7.2.5 数値データのプロット

gnuplot では，実験やシミュレーションから得られたデータを読み込んで，グラフとして表示することもできます．とはいっても，乱雑に並んだデータから適切なグラフを作成してくれるほど，gnuplot は優れた機能をもっていません．

すでに得られている実験結果等を gnuplot を使ってグラフに出力したいときは，まず，次の例のように，得られているデータをテキストファイル（ここでは，`sample.txt` とします）上に整理します．

```
 1 | # サンプルデータ(左からX 軸，手法 A の結果，手法 B の結果)
 2 | 0 39.10 39.10
 3 | 1 36.15 38.64
 4 | 2 34.40 38.22
 5 | 3 33.25 37.85
 6 | 4 32.35 37.50
 7 | 5 31.61 37.18
 8 | 6 31.01 36.89
 9 | 7 30.50 36.61
10 | 8 30.04 36.34
11 | 9 29.66 36.09
12 | 10 29.32 35.85
```

この `sample.txt` は，ある実験を 2 種類の方法で実施したときに得られた結果と考えてください．1 行目は，'`#`' で始まっています．行頭の '`#`' はコメント行を表しています．コメント行はグラフ作成時に無視されます．コメント行を必ず記載する必要はありませんが，何のデータであるのかを書いておくことは重要です．憶えているつもりでも，忘れてしまいます．後々困ることがないように，コメント行に，何のデータであるのかがわかる情報を記述し，すぐ思い出せるようにしましょう．

コメント行に続く各行では，データを空白あるいはタブを用いて複数の列（項目）に区切ります．このとき，それぞれの行は各項目の 1 つのデータ点を表しています．通

常，行数が多くなるにつれて，グラフ上にプロットされる点が多くなります．

　また，どの列がどの項目を表したデータであるかは自由に設定することができます．すなわち，X 軸の値を 1 列目としても，3 列目としてもかまいません．

　データを含むテキストファイルからグラフを描くときには，いままでと同様に，plot コマンドを使用します．続けて，データファイルを含むテキストファイル名を指定します．テキストファイルを指定したあとは，グラフとして描きたいデータ項目の X 軸や Y 軸の列や，凡例名等を指定します．

　plot の書式は，以下のとおりです．

```
plot "テキストファイル名" using X軸の列番号:Y軸の列番号 title "凡例名"
with プロット方法 , \
"テキストファイル名" using X軸の列番号:Y軸の列番号 title "凡例名" with
プロット方法 , \
...
```

　'using' に続き，テキストファイル内の何列目が X 軸として対応し，何列目が Y 軸として対応するかを，':'（コロン）とともに記載します．'title' のあとには，データ項目の凡例を指定することができます．また，'with' のあとには，データ点をどのようにプロットするか指定できます．プロット方法としては，データ点を点のみで表示する points，データ点の間を線で結んで点を表示しない lines，データ点を点で表示し，かつ，その間を線で結ぶ linespoints などが使用できます．

　もし，複数の結果を並べて 1 つのグラフに表示したいときには，カンマで区切って入力します．このとき，コマンドが長くなって途中で改行を入れたいときには，'\' と入力します．

　たとえば，上に示した sample.txt から，図 7.5 のようなグラフを描きたいときは，以下のように入力します．

sample.txt からのプロット

```
gnuplot> plot "sample.txt" using 1:2 title "Method A" \
with linespoints, "sample.txt" using 1:3 title "Method B" \
with linespoints
```

　この例では，手法 A による実験結果（データ）を描くために，'using 1:2' で，X 軸として sample.txt 内の 1 列目，Y 軸として sample.txt 内の 2 列目を指定しています．また，'title "Method A"' で，手法 A の結果であることを示す 'Method A' という凡例を設定しています．プロット方法としては，データ点を点で表示し，かつ，

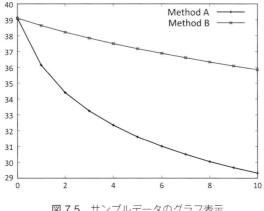

図 7.5 サンプルデータのグラフ表示

その間を線で結ぶ `linespoints` を使用しています．その後，カンマで区切って，手法 B の実験結果（データ）に対するグラフ描画を指定しています．

図 7.5 は，研究者自身がデータを可視化して分析や考察をするのには十分ですが，レポートや論文に貼り付けるには線が細く，また点も小さいため，いずれの結果が 'Method A' あるいは 'Method B' に対応するのか，注視しなければ判別することが困難です．カラー印刷であれば線の色で区別できますが，モノクロ印刷となると絶望的です．

gnuplot では，描かれるグラフで用いられる線や，点の表示を変更できます．グラフの線や点の設定を変更したい場合は，まず，`set style line` コマンドで，線や点の表現形式を指定します．指定の仕方は，以下のとおりです．

> `set style line ID` 線・点の設定

'ID' の部分はインデックスとよばれ，数字を指定します．これは，設定した指定を，ほかと区別するためのラベルの役割をします．

インデックスを使って，`set style line` で指定した表現形式で描画する場合の `plot` コマンドの書式は，以下のようになります．

> `plot "テキストファイル名" using X軸の列番号：Y軸の列番号 title "凡例名"`
> `with プロット方法 ls ID`

たとえば，上に示した `sample.txt` から**図 7.6** のようなグラフを描きたいときは，以下のように入力します．

set style line コマンドを使用した例

```
gnuplot> set style line 1 pointtype 1 pointsize 3 \
linecolor rgb "gray100" linetype 1 lw 2 dt (3,3)   ← 手法 A の表現形式
gnuplot> set style line 2 pointtype 6 pointsize 3 \
linecolor rgb "blue" linetype 1 lw 4
gnuplot> plot "sample.txt" using 1:2 title "Method A" \
with linespoints ls 1, "sample.txt" using 1:3 title \   ← 手法 B の表現形式
"Method B" with linespoints ls 2
```

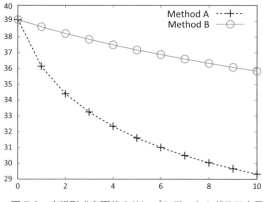

図 7.6　表現形式変更後のサンプルデータのグラフ表示

　上述の例では，pointtype で点の種類 (+, ○)，pointsize で点の大きさ，linecolor で線の色（黒，青），linetype で線の種類（破線，実線）を設定し，プロット方法を linespoints（点を線で結ぶ）として出力しています．

実　習

7-3 gnuplot で利用可能な数学関数をグラフにプロットしてみよう．作成したグラフは EPS ファイルに出力して，gv コマンドあるいは LaTeX ファイルを通して確認すること．

7-4 7-3 で得られたグラフの Y 軸の範囲を変更してみよう．X 軸の範囲を設定するコマンドが set xrange だったことを踏まえて，Y 軸の範囲を設定するためにはどうすればよいか考えること．

7-5 適当なデータファイルを読み込んで，グラフにプロットしてみよう．前述のデータを使っても，自身が取得した何らかの実験データを使ってもかまいません．ただし，データファイルを読み取っただけのグラフは，図 7.6 のように，X 軸と比べて Y 軸の目盛りの間隔が非常に細かくなっていることがあるので，Y 軸の目盛りの間隔が X 軸とそろうように，Y 軸の範囲や目盛りの間隔を設定しよう（なお，Y 軸の目盛りの間隔は，set ytics から設定することができる）．

7.3 ドローツール Inkscape

コンピュータ上で絵を描くためのグラフィックソフトには，線を基本としたベクトルデータで絵を構成するドローソフトと，画素を基本としたラスタデータで絵を構成するペイントソフトがあります．ドローソフトで作成したグラフィックスの特徴として表示倍率を大きくしても綺麗な状態を保持し続けるのに対して，ペイントソフトで作成したグラフィックスでは表示倍率を大きくするとボケたり，輪郭がギザギザになってしまいます．

一方で，ペイントソフトは直観的に描画できるため操作が簡単であるのに対して，ドローソフトは図形要素に関するパラメータを意識して描画するため，操作が複雑になります．

代表的なドローソフトとして，Adobe 社の **Illustrator** や，オープンソースの **Inkscape** があります．また，代表的なペイントソフトとしては，Adobe 社の **Photoshop** や，Windows に標準で提供されている**ペイント**，オープンソースの **GIMP** があります．ここで紹介する Inkscape は，Linux や macOS, Windows など，多くの OS で使えるフリーのドローツールです．

▪ 起動と終了

Inkscape は，ターミナル上で `inkscape` コマンドを入力することで起動できます．

```
inkscape ［オプション］ ［ファイル］
```

Inkscape を起動すると，**図 7.7** のようなウィンドウが開きます．

Inkscape を終了するには，画面上部のメニューバーの ［ファイル］ から ［終了］ を選択します．

▪ 作図

Inkscape における作図の基本は，画面左側のツールバーから作成したい図形に応じたツールを選択し，マウス操作で描画する場所やサイズを指定することです．

図 7.8 は操作の一例で，「円/弧ツール」で球を作成し，「ペンツール」で曲線を描いています．さらに，「フィル＆ストローク」により，球を赤色，曲線を青色に着色しています．

画面上部に配置されているメニューバーやコマンドバーの中の機能を使うと，複雑

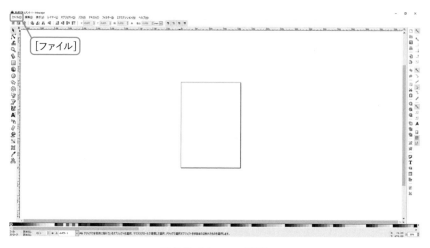

図 7.7　Inkscape 画面

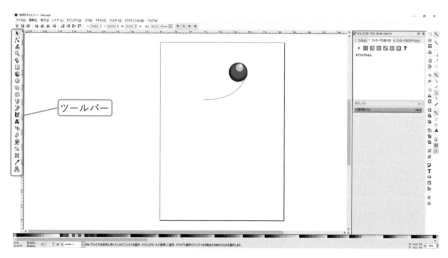

図 7.8　Inkscape での作図例

な図やロゴなども描けます.

■ **画像保存**

　作成した図を保存するには，メニューバーの [ファイル] から [保存] を選択します. このとき，新規ファイルであれば保存ファイル名を付ける必要があるので，ファイル名を入力して保存します.

　Inkscape で保存されるファイルの標準形式は SVG (Scalable Vector Graphics) で, 拡張子 **svg** が付けられて保存されます.

▪ 形式変換

Inkscape で取り扱う図の標準形式は SVG ですが，ほかの形式である PNG（画像），PS（画像），EPS（画像），PDF（文書）にも対応しており，オプションを指定することにより形式変換できます．たとえば，SVG 形式のファイルを PNG 形式に変換したい場合には，以下のように，オプションとして，ファイル名を指定する-f と PNG 形式に出力する-e を利用します．

```
inkscape -f ファイル名.svg -e ファイル名.png
```

そのほかのオプションとして，PS 形式に出力する-P や EPS 形式に出力する-E，PDF 形式に出力する-A があります．

Inkscape で作成した図を LaTeX に貼り付けたいときには，ファイルを EPS 形式で保存します．完成した SVG ファイルがすでに存在している場合は，上記の形式変換をコマンドで実行すると，EPS 形式のファイルを作成できます．一方，Inkscape で作図途中の場合には，Inkscape のメニューバーの［ファイル］の［名前を付けて保存］を選択し，ファイルの種類を 'EPS' と指定すると，作成した図を EPS 形式で保存できます．

実 習

7-6 Inkscape を用いて，2 つの順次処理「変数 s に文字列 Hello World! を代入」と「変数 s を出力」により構成される，フローチャートを作図してみよう．

7-7 7-6 に続いて，作成したフローチャートを，EPS 形式に形式変換してみよう．

7.4 写真加工ツール GIMP

次に，ペイントソフトに分類される GIMP（ギンプ）を紹介します．

GIMP は，写真の補正や加工に秀でたグラフィックソフトです．写真の補正や加工用の有料ソフトに，Adobe 社の Photoshop がありますが，GIMP は，Photoshop の代わりとして利用できるフリーソフトです．GIMP は当初 X Window System 向けに製作されていたことから UNIX 系 OS で幅広く利用されていますが，いまでは Windows といった UNIX 系ではない OS 向けのものも提供されています．しかも Photoshop 並みの機能を備えていることから，広く使われています．

▪ 起動と終了

GIMP は，ターミナル上で gimp コマンドを入力することで起動できます．

> gimp ［オプション］ ［ファイル］

起動すると，**図 7.9** の画面が開きます．GIMP を終了するには，画面上部のメニュー
バーの ［ファイル］ から ［終了］ を選択します．

図 7.9　GIMP 画面

▪ 作図

GIMP で新しく描画したいときには，メニューバーの ［ファイル］ から ［新しい画
像］ を選択します．そうすると，**図 7.10** のような表示が出ます．ここで，作図領域の
大きさを決めて，［OK］ をクリックします．そうすると，**図 7.11** のように作図領域が
表示されます．

続いて，「矩形選択」で領域を選択して塗りつぶしてみましょう．そのためには，ま
ず，ツールボックスの中から，［矩形選択］ を選びます．［矩形選択］ の見つけ方は簡
単です．ツールボックスの中のアイコンにカーソルをもっていき，少し待つと，カー
ソルの置かれているところの機能がポップアップで表示されます．カーソルをいろい
ろなアイコンの上にもっていき，どのような機能があるのか見てみるとよいでしょう．
［矩形選択］ が見つかったら，そこでクリックしましょう．その後，描画領域にカーソ

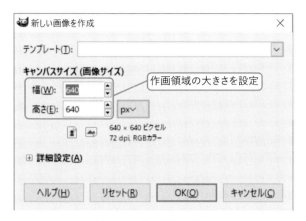

図 7.10 作図領域の選択

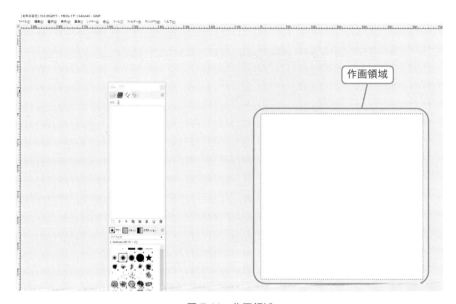

図 7.11 作図領域

ルを動かし，選択したい領域の1つの角でクリックし，そのまま，対角の位置までカーソルを動かしてマウスボタンを放すと，矩形の領域が選択できます．**図 7.12** は，描画領域の半分を選択した場合の様子です．

　続いて，選択した領域に，色を付けてみることにします．ツールボックスの下部に，四角い矩形が重なったような領域があります．塗りつぶしの色は，この手前側の矩形の色となります．塗りつぶす色を変えたい場合には，この矩形をクリックすると，色の変更画面が出てきます．色が決まったら，メニューバーの [編集] の [描画色で塗り

図 7.12   矩形選択

図 7.13   塗りつぶし

つぶす] を選ぶと, 選択された矩形領域が, 描画色で塗りつぶされます. 図 7.13 のように塗りつぶせましたか.

　GIMP で, 写真全体に色変換や特殊効果を施したい場合には, メニューバーの [色] や [フィルター] から, 行いたい変換や効果に応じた機能を選びます. また, 写真の一部にだけ色変換や特殊効果を施したい場合には, メニューバーの [ツール] または画面左側のツールボックスから選択範囲に関するツールを選び, 写真内の場所を選択したうえで処理内容を選択します.

■ そのほかの操作

　ツールボックスには，選択範囲に関するツール以外に，移動・変形に関するツール
や描画に関するツール，描画色と背景色がまとめられています．ツールボックス内の
ツールを選択すると，ツールの詳細を指定するツールオプションがツールボックス下
部に表示されます．これを利用して，高度な写真編集まで実現できます．

　[ファイル] から [開く/インポート] を選択すると，「画像ファイルを開く」という
ウィンドウが現れます．このウィンドウで画像ファイルを選択して [開く] をクリッ
クすることによって，GIMP に画像を取り込むことができます（**図 7.14**）．取り込ん
だ画像に対して，たとえば，メニューバーの [画像] [モード] [グレースケール] を順
にクリックすると，**図 7.15** のようなモノクロ画像に変換できます．

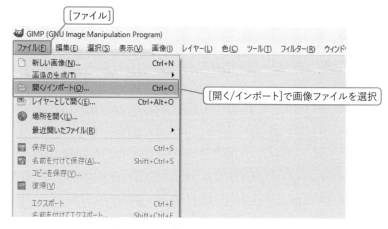

図 7.14　画像の取り込み

図 7.15　モノクロ変換後

実 習 **7-8** GIMP を用いて，開いた（インポートした）写真に，［フィルター］内の
［ぼかし］から［ガウシアンぼかし］を適用してみよう．

8

シェル

コンピュータを利用する人間と OS の間で，人間がキーボードを操作して入力する文字列を解釈して，それに対応する適切な動作を決定し，OS の中心部であるカーネルに伝える役割をしてくれるソフトウェアを**シェル** (shell) といいます．シェルは，人が行うコマンド入力などの操作を，より簡単に，より使いやすくしてくれる，いわば補助機能を備えています（**図 8.1**）．

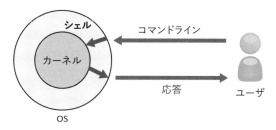

図 8.1　シェルとカーネルの関係

これまで，ターミナルでさまざまなコマンドを実行してきましたが，実は，私たちがキーボードから入力した文字列に対応するプログラムを探してきて，そのプログラムの実行・開始を，シェルが司ってくれていました．皆さんも，すでにシェルのお世話になっていたのです．もしシェルの助けがなかったら，そのプログラムがどのディレクトリにあるのかを，毎回指定しなければなりません．すべてのコマンドに対応するプログラムがどこにあるのかを覚えるというのは，現実的ではありませんね．

本章では，シェルに用意されている便利な機能の使い方や，定型処理の実行の簡素化に役立つシェルスクリプトについて解説します．

8.1　シェルの種類

シェルにはさまざまな種類がありますが，以下，代表的なシェルを紹介します．
sh（Bourne シェル，または単に B シェルとよぶ）は最も古いシェルで，すべての

UNIX に装備されています．機能は限定されていますが，マシンに依存することなく動作可能であるため，シェルスクリプト（8.3 節）を書くときによく使われます．

bash（Bourne-again shell）は，B シェルを発展させ，機能を追加したシェルです．**csh**（C シェル）は Berkley 版 UNIX 標準シェルで，B シェルにはないジョブ管理機能や履歴管理機能，C 言語に近い文法体系などをもつシェルです．C シェルの拡張版が **tcsh** です．**ksh**（Korn シェル）は B シェル互換のシェルで，履歴管理機能などが追加されています．**zsh**（Z シェル）は Korn シェルをベースに bash や tcsh からも機能を取り入れ，さらに独自の機能ももっています．

どのシェルがよいかは好みの問題なので，いろいろ使ってみてその違いを実感し，使いやすいと思うシェルを利用してください．

8.2　シェルの基本

シェルがユーザからのコマンドを待っているときに表示されているのが，すでにお馴染みの**プロンプト**です．ユーザはプロンプトを '%' や '$' などの記号にしたり，ユーザ名，日付を組み合わせたり，いろいろな表示にカスタマイズできます．また，ログイン直後に起動されるシェルのことを，**ログインシェル**とよびます．

8.2.1　現在のシェルを確認する

現在使っているシェルを確認するには，次のようにします．

```
echo $0
```

また，利用可能なシェルは **/etc/shells** ファイルに記録されています．

8.2.2　シェルを変更する

exec コマンドで，現在使っているシェルをほかのシェルに変更できます．

```
exec 変更後のシェル
```

たとえば，zsh に変更するには次のようにします．

シェルの変更

```
$ ps
PID TTY     TIME    CMD
100 pts/1 00:00:00 bash  ← bash を使用中
103 pts/1 00:00:00 ps
$ exec zsh
% echo $0
zsh  ← zsh に変更されている
% ps
PID TTY     TIME    CMD
100 pts/1 00:00:00 zsh
108 pts/1 00:00:00 ps
```

　この例では，'echo $0'に加え，ps コマンドで現在のシェルの確認をしています．シェルもプロセスの1つなので，このように ps でも確認ができます．

　exec では，新たなプロセスを生成せずに，現在使っているシェルを新しいシェルに置き換えます．そのため，exit を実行すると，その端末は終了します．一方，次のように exec を使わずに，単に zsh コマンドを実行した場合は，現在のシェルの上で新しいシェルが実行されます．

```
$ zsh  ← 現在のシェルの上で新しくシェルが動作する
% ps
PID TTY     TIME    CMD
100 pts/1 00:00:00 bash  ← 変更前のシェルも動作している
103 pts/1 00:00:00 zsh   ← 新しく起動したシェル
106 pts/1 00:00:00 ps
```

　この場合，exit コマンドを実行すると，元のシェル (bash) に戻ります．

　なお，ログイン時のシェルを変更するには，chsh コマンドを使用します．以下のように，chsh を実行すると，/etc/shells ファイルに記載されているシェルに変更できます．

```
$ chsh
taro のシェルを変更します．   ← taro のところは自分のアカウントになる
新しいシェル [/bin/bash]:  /bin/zsh ← 利用したいログインシェルを入力
```

　chsh によるシェルの変更が反映されるのは，次回のログインからになります．

　ただし，利用環境によっては chsh でログイン時のシェルの変更が行えません．この場合，たとえば bash の場合であれば，~/.bashrc ファイルの最後に 'exec zsh' を書き加えることで，ログイン時のシェルを zsh に変更できます．

8.2.3 コマンドラインの編集機能

コマンド入力を誤ったときには，$\boxed{\text{Ctrl-b}}$（後退）や $\boxed{\text{Ctrl-f}}$（前進），もしくは
カーソルキーでカーソルを移動させ，カーソル直前の文字を $\boxed{\text{Ctrl-h}}$ で削除できま
す．また，カーソル位置に文字入力もできます．文字削除は，$\boxed{\text{BackSpace}}$ や $\boxed{\text{Del}}$
でも行うことができます．

bash と tcsh では，vi や Emacs の操作に似た編集機能も利用できます．編集機能
の詳しいキー操作は第 4 章を参照してください．どのエディタに準じているかという
ことを，「編集モード」といいます．編集モードの変更は，bash の場合，set コマン
ドと -o オプションを使って，次のように入力します．

```
$ set -o vi  ←vi 編集モード
$ set -o emacs  ← Emacs 編集モード
```

一方，tcsh では，bindkey コマンドを使って，次のように入力します．

```
% bindkey -v  ←vi 編集モード
% bindkey -e  ← Emacs 編集モード
```

8.2.4 補完機能

シェルには，ファイル名やコマンド名の冒頭の一部を入力するだけで，完全な名前
に補ってくれる入力補完の機能があります．この機能は，長いファイル名やコマンド
名を入力するときに大変便利です．

いま，カレントディレクトリに次の 3 つのファイルがあるとします．

```
$ ls
1.tex 2-1.tex 2-2.tex
```

ファイル 1.tex を Emacs で編集したいとします．

bash の場合，'emacs 1' まで入力して，$\boxed{\text{Tab}}$ あるいは $\boxed{\text{Ctrl-i}}$ を押すと，'1' に
続く文字列が補完され，ファイル名 1.tex が表示されます．

```
$ emacs 1  ← 途中で Tab キーあるいは Ctrl-i を押す
$ emacs 1.tex  ← 自動でコマンドが補完される
```

補完の候補が複数あるときは，すべての候補に共通する名前まで補完が行われます．
そして，次の文字を入力して再び $\boxed{\text{Tab}}$ を押すとさらに補完が進みます．たとえば，
'emacs 2' まで入力して $\boxed{\text{Tab}}$ を押すと，'emacs 2-' まで補完が進みます．ここで，

Tab を押すとビープ音が鳴り，候補が複数あることがわかります．さらに Tab を押すと，補完のすべての候補が表示されます．上の例で，このあと次の文字である '1' を入力して再び Tab を押すと，2-1.tex の補完が完了します．

入力補完（bash の場合）

```
$ emacs 2   ← 途中で Tab キーあるいは Ctrl-i を押す
$ emacs 2-   ← Tab を押すとビープ音が鳴る
$ emacs 2-   ← もう一度 Tab を押す
2-1.tex 2-2.tex   ← 補完の候補が表示される
$ emacs 2-1   ← 1 を入力して Tab を押す
$ emacs 2-1.tex   ← 補完が完了する
```

補完機能は，以下のようにコマンド名に対しても使えます．

コマンドの場合の入力補完

```
$ em   ← 途中で Tab キーあるいは Ctrl-i を押す
$ emacs   ← 補完が行われる
```

8.2.5 履歴機能

bash のような高機能なシェルでは，コマンド実行の履歴が記憶されており，この履歴の中から以前実行したコマンドを呼び出して，再実行することができます．

シェルプロンプトが出ている状態で ↑ または Ctrl-p を押すと，直前に実行したコマンドラインが現れます．この状態で再び ↑ または Ctrl-p を押すと，2つ前に実行したコマンドラインが現れます．↑ または Ctrl-p を押した回数だけ履歴を遡ることができます．行き過ぎてしまった場合は，↓ または Ctrl-n を押すと，1つ新しい履歴に戻ることができます．望みのコマンドラインが現れたときに Enter を押すと，そのコマンドラインが実行されます．履歴から呼び出したコマンドラインに対しても，コマンドライン編集機能を使って一部を書き換えてから実行することもできます．

保存されているコマンド実行の履歴は，history コマンドを使って見ることができます．引数なしで使用すると，記憶されている履歴がすべて表示されます．また，引数として，表示個数を指定できます．'history 10' のように個数を指定すると，最新の履歴 10 個のみが表示されます　なお，記憶される履歴の数は，bash ではシェル変数 HISTSIZE に，tcsh ではシェル変数 history に設定されている値で決まります（シェル変数については 9.1 節を参照）．履歴をすべて消去したいときは，'history -c' と入力します．

8.2.6 │ ワイルドカード

たとえば，名前が sample で始まるファイルをすべて削除したいとします．削除対象となるファイルの数が多いと，ひとつひとつ rm コマンドでファイルを指定し削除するのは大変です．このようなときには，次のようにワイルドカード指定を用いると便利です．

```
$ rm sample*
```

ここで，sample* は，sample で始まるすべての文字列を表します．
よく使われるワイルドカード指定の方法を，**表 8.1** に示します．

表 8.1　ワイルドカード指定

記　号	意　味
*	任意の文字列
?	任意の 1 文字
[文字列]	[] に含まれる文字のいずれか 1 文字
[!文字列] または [^文字列]	[] に含まれない文字のいずれか 1 文字
{パターン 1, パターン 2,...}	パターン 1, パターン 2,... のいずれか

'[文字列]' は，'[a8,M]' のような個別指定も，'[a-z0-9]' のような範囲指定もできます．なお，'[a-z0-9]' は「アルファベットの小文字か数字のうち 1 文字」を意味しています．
'*' や '?' のように，ワイルドカード指定において特別な意味をもつ文字のことをメタ文字とよびます．メタ文字と，そのほか必要な文字を合わせた文字列を，パターンとよびます．代表的なパターン記述方法の例を，**表 8.2** に示します．

表 8.2　代表的なパターン記述例

パターン例	意　味
sample*	'sample' で始まる文字列
sample	'sample' を含む文字列
??.txt	任意の 2 文字に '.txt' が付いた文字列
[a8,M]*	'a' または '8' または ',' または 'M' のいずれかから始まる文字列
[a-zA-Z]*	アルファベットの小文字か大文字から始まる文字列
[!0-9]*	数字で始まらない文字列
{aa,bb}*	'aa' または 'bb' で始まる文字列

アルファベットから始まる文字列として '[a-Z]*' という書き方は間違いになるので注意してください．正しくは '[a-zA-Z]*'，または '[A-Za-z]*' になります．これは，文字コード体系での，各文字の順序に由来します．文字コードについては 9.2 節で

解説していますが，コンピュータの内部では，文字は，0と1の順列によって表現されています．この文字とそれを表す0と1の順列との対応関係を「文字コード」とよびます．そして，この対応関係を定めた規約を「文字コード体系」とよびます．‘[a-z]’は，文字コード体系における ‘a’ の文字コードと ‘z’ の文字コードの間を表しています．現在のコンピュータのほとんどが利用している，半角英文字の文字コード体系であるASCII では，文字を表す0と1の順列を2進数とみなしたときに，‘a’ から ‘z’ までの間と，‘A’ から ‘Z’ まで間はいずれも連続していますが，その両区間の間は連続していません．そのために，‘[a-zA-Z]’ や ‘[A-Za-z]’ のように，それぞれの区間を別々に，かつ，併記する必要があります．

　なお，メタ文字は大変便利ですが，使い方を誤るとコマンドラインが思わぬ形に展開され，大切なファイルが失われる可能性があるので，注意してください．

8.2.7 | コマンド展開

　バッククォート (`) を使うと，コマンドの出力をコマンドラインの一部として埋め込むことができます．たとえば，カレントディレクトリにあるファイル a.txt を，名前の一部に今日の日付が入ったファイルとしてコピーしたいときには，以下のようにすることで行えます．

```
$ cp a.txt a_`date +%Y%m%d`.txt
$ ls
a.txt   a_20200401.txt   ← `date +%Y%m%d` が展開されている
```

‘date +%Y%m%d’ は，今日の日付（ここでは，2020年4月1日と想定しています）を ‘20200401’ と出力します．コマンドラインに ‘date +%Y%m%d’ と入力して，その実行結果を画面で確認するとよいでしょう．また，date コマンドの詳細は ‘man date’ で確認してみましょう．

　上記の例では，1行目のコマンドラインの入力中に，‘`date +%Y%m%d`’ と書かれている部分があります．この入力の実行の最初に，このバッククォートで囲まれた ‘date +%Y%m%d’ が，コマンドとして実行されます．そして，‘date +%Y%m%d’ の実行結果である ‘20200401’ という文字列が，‘cp a.txt a_`date +%Y%m%d`.txt’ 中の，‘`date +%Y%m%d`’ と書かれている部分に置き換わります．つまり，‘cp a.txt a_`date +%Y%m%d`.txt’ が，‘cp a.txt a_20200401.txt’ に変換されて実行されます．

　このように，バッククォートで囲まれた部分がコマンドとして実行され，置き換えられることを，**コマンド展開**といいます．

8.2.8 | 時間計測

指定したコマンドの呼び出しから終了までに要した時間，ユーザ CPU 時間，システム CPU 時間を計測するには，`time` コマンドを使用します．

> `time`　時間計測するコマンド

`time` を上のように実行すると，指定したコマンドの出力結果のあとに，標準エラー出力へ計測結果を出力します．

```
$ time sleep 10
real    0m10.004s  ← コマンドの呼び出しから終了までに要した時間
user    0m0.000s  ← ユーザ CPU 時間
sys     0m0.004s  ← システム CPU 時間
```

出力の 1 行目は，**経過時間**です．経過時間とは，コマンドの呼び出しから終了までに要した時間です．2 行目は，**ユーザ CPU 時間**です．ユーザ CPU 時間とは，コマンドやプログラム自体のコードの実行に費やされた時間です．3 行目は，**システム CPU 時間**です．システム CPU 時間は，システムコールなど，プログラムからの依頼で行われた処理の実行に費やされた時間です．

たとえば，ファイル入出力に CPU が費やした時間は，システム CPU 時間になります．スリープの時間は，ユーザ CPU 時間にもシステム CPU 時間にもカウントされません．

シェルと，シェルが実行しているプロセスが使用したユーザ CPU 時間とシステム CPU 時間それぞれの累積を表示するには，`times` コマンドを使用します．

```
$ times
0m0.066s 0m0.023s
0m0.115s 0m0.341s
```

出力の 1 行目は，シェルが消費したユーザ CPU 時間とシステム CPU 時間の累積です．また，2 行目は，子プロセスが消費したユーザ CPU 時間とシステム CPU 時間の累積です．

8.2.9 | リソース管理

シェルが実行するプロセスが利用する，メモリ量などのリソースの制限を変更をするには，`ulimit` コマンドを使用します．`-a` オプションを指定して ‘`ulimit -a`’ として実行すると，現在のリソース制限を確認できます．

```
$ ulimit -a
core file size          (blocks, -c) 0
data seg size           (kbytes, -d) unlimited
scheduling priority            (-e) 0
file size               (blocks, -f) unlimited
pending signals                (-i) 256980
max locked memory       (kbytes, -l) 64
max memory size         (kbytes, -m) unlimited
open files                     (-n) 1024
pipe size            (512 bytes, -p) 8
POSIX message queues     (bytes, -q) 819200
real-time priority             (-r) 0
stack size              (kbytes, -s) 8192    ← スタックサイズ
cpu time               (seconds, -t) unlimited
max user processes             (-u) 4096
virtual memory          (kbytes, -v) unlimited
file locks                     (-x) unlimited
```

たとえば，次のようなプログラムをコンパイルして実行してみましょう．

```
$ cat main.c   ← プログラム内容の確認
#include <stdio.h>
#define SIZE 2*1024*1024
int main()
{
  int i, a[SIZE];
  for(i = 0; i < SIZE; i++) a[i] = 0;
  printf("%d\n", a[SIZE-1]);
  return 0;
}
$ gcc -O main.c
$ ./a.out
Segmentation fault   ← エラーが発生
```

この例ではエラーが発生し，'Segmentation fault'と表示されています．これは，**スタックサイズ**（実行ファイルが使用できるメモリ容量）が 8,192 キロバイトなのに，配列 a でスタックサイズと同じ容量を確保しようとしたためです．

このような場合，ulimit コマンドで -s オプションを使うと，スタックサイズを広げることができます．次の例は，スタックサイズを 10,000 キロバイトに増やしてから実行したものです．

```
$ ulimit -s 10000
$ ./a.out
0
```

この例ではエラーが起こらずに，正常に終了します．なお，ulimit でスタックサイズなどのプロセスに割り当てるリソースの量を変えても，プログラムをコンパイルし

直す必要はありません.

実　習

8-1　ユーザ CPU 時間とシステム CPU 時間の総和が経過時間にならないのは, どういう場合か考えてみよう.

8-2　次の C プログラムは, 1 からコマンドライン引数で与えた数までの自然数の和を求めるプログラムです. コマンドライン引数に 262,000 のような大きな数を与えると, 'Segmentation fault' と出力されて正しい結果が出なくなる. その理由と, プログラムを変更しなくても正しい結果が得られるようにする方法を考えてみよう.

```
 1  #include <stdio.h>
 2  #include <stdlib.h>
 3
 4  long long sum(long long n)
 5  {
 6    if( n == 1 ) return 1;
 7    return n + sum(n - 1);
 8  }
 9
10  int main(int argc, char *argv[])
11  {
12    printf("%lld\n", sum(atoll(argv[1])));
13    return 0;
14  }
```

8.3　シェルスクリプト

　シェルは, 1 つのコマンドラインに書かれた操作を行い, 結果を表示し, 再びユーザが 1 つのコマンドラインを入力して実行する, といった対話的な処理を行います. その一方で, 一連のコマンド群をファイルに記述し, 複数のコマンドを次から次へと順に処理をすること (バッチ処理とよびます) もできます. このコマンド群の記述のことを, **シェルスクリプト**とよびます.

　シェルスクリプトは, 条件分岐や繰り返し制御も記述でき, 一種のプログラミングといえます. シェルスクリプトを書くことで, 複雑な処理を自動化することができます.

　8.1 節で説明したように, シェルには多くの種類がありますが, 残念ながら, シェルによってスクリプトの文法が異なります. したがって, bash で書いたスクリプトを tcsh では実行できないことがあります. しかし, B シェルは大抵の UNIX 系のシステムにインストールされています. このような理由から, ログインシェルは自分の好み

に合ったシェルを使い，シェルスクリプトは B シェルで書くのがよいでしょう．

以下に，B シェルでの簡単なスクリプトの書き方と，実行の仕方を説明をします．

8.3.1 | スクリプトファイルを作る

シェルスクリプトはエディタを使って作成でき，拡張子を .sh として保存します．シェルスクリプトの 1 行目には，スクリプトを実行するシェルを指定します．B シェルの場合には，'#!/bin/sh' と記述します．2 行目以降では，行頭が '#' で始まる行は，コメント行となります．

シェルスクリプトの基本は，実行したいコマンドを，実行したい順に書くだけです．

たとえば，以下の例は，'echo "Hello, world"' を実行するだけのシェルスクリプト hello.sh です．

```
1  #!/bin/sh
2  #2行目以降は#から始まる行はコメント行になります.
3  echo "Hello, world"
```

8.3.2 | スクリプトファイルの実行

前項の最後に例示したシェルスクリプト hello.sh をエディタを使って作成しても，作成したスクリプトファイルは単なるテキストファイルなので，このままでは実行できません．シェルスクリプトをコマンドとして使用するには，ファイルに実行許可を与える必要があります．このために，3.1.2 項でとりあげた chmod コマンドを使い，パーミッションの変更を行います．

```
$ chmod u+x hello.sh   ← シンボリックモードで指定
$ hello.sh
Hello, world
```

この例では，オーナーのみに実行許可を与えて，hello.sh を実行しています．

8.3.3 | シェル変数

シェルでは，**シェル変数**とよばれる変数を使用することができます．シェル変数は，ユーザやファイルから受け取ったデータ，コマンドの出力などを保持します．ただし，変数にセットされる値は，すべて文字列として処理されることに注意してください．

シェル変数の名前には，アルファベット，数字，アンダースコア（_）を使用することができます．ただし，'1ABC' のように数字から始めることはできません．また，大

文字と小文字は区別して扱われます.

変数に値をセットするときには, 次の例のように等号記号 '=' を使い, '変数名=値' と記述します. '=' の左側が変数の名称, 右側がその変数に代入する値になります. '=' の両側にスペースを入れてはいけません.

シェル変数の値を参照したり, シェル変数の値を使って操作したりするときには, シェル変数の前に '$' を付けます. たとえば, シェル変数 VARIABLE に格納されている値は, $VARIABLE で参照できます.

先ほど述べたように, シェル変数には文字列が格納されています. この文字列に新たな文字列を連結することは, 単に連結したい文字列を並べることで実現できます.

ただし, 変数名の直後に文字列を並べるときには, 変数名を中括弧で囲む必要があります. この理由を, 以下のシェルスクリプトを例に解説します.

```
1  #!/bin/sh
2  DIR=/home
3  ADD=1
4  echo $DIR$ADD
5  echo ${DIR}${ADD}
6  echo $DIR1
7  echo ${DIR}1
```

このシェルスクリプト (ここでは, ファイル名を test.sh としている) を実行すると, 以下のような出力が表示されます.

```
$ ./test.sh
/home1
/home1

/home1
```

ここで, 出力結果の3行目に注目してください. 出力の1, 2, 4行目は, いずれも '/home1' と出力されているのに, 3行目は空行となっています. なぜなら, 3行目は, シェル変数 DIR に文字列 '1' を連結したものではなく, シェル変数 'DIR1' であると解釈され, DIR1 には何も代入されていないからです.

'echo DIRADD' は, DIR の直後に '$' があることから, ここまでで変数名が終わり, このあとは次の変数の参照が始まることがわかります.

また, 'echo ${DIR}${ADD}' や 'echo ${DIR}1' は, DIR が '{ }' で囲まれていることで, どこまでを変数名とみなせばよいかが明示的にわかります.

8.3.4 | コマンドラインの引数

シェルスクリプトでは，最大 9 つまでのコマンドラインの引数を読み込むことができます．10 個目以降の引数はあっても無視されます．

読み込まれたコマンドライン引数は，スクリプト内では '$1'，'$2' のように，'$' に続けて引数の出現順の数字を付けた変数で参照できます．シェルスクルプト呼び出し時のコマンドライン引数が自動的に代入される変数を，特殊変数といいます．また，'$0' にはスクリプト名が格納されています．

次のようなスクリプト test.sh を考えてみましょう．

```
1  #!/bin/sh
2  echo "shell script: $0"
3  echo "1st parameter: $1"
4  echo "2nd parameter: $2"
```

このスクリプトファイルを実行可能形式に変換後，実際に実行すると，以下のようにコマンドラインの引数が表示されます．

```
$ ./test.sh  p1  p2
shell script: ./test.sh
1st parameter: p1
2nd parameter: p2
```

特殊変数について，**表 8.3** にまとめておきます．

表 8.3　コマンドライン引数用の特殊変数

記　号	意　味
$0	スクリプト名
$1 ～ $9	1～9 個目の引数
$#	引数の数
$*	すべての引数（10 個目以降も含む）

8.3.5 | 特殊文字のエスケープ

メタ文字に使われる記号やシェル変数を参照するときに使う記号は，シェルによって特別な意味をもちます．したがって，そのままコマンドの引数として使いたいときは，その文字のもつ特殊性を消す（**エスケープ**する）必要があります．それには，次の 3 つの方法があります．

- '\' をエスケープしたい文字の直前に付ける

- シングルクォート (') でエスケープしたい文字を含む文字列を囲む
- ダブルクォート (") でエスケープしたい文字を含む文字列を囲む

シングルクォートで囲んだ場合とダブルクォートで囲んだ場合の違いは，囲まれた文字列中の変数の参照（8.3.3 項）やコマンドの展開（8.2.7 項）が有効か否かです．シングルクォートを用いると特殊文字もエスケープされ，変数の参照やコマンド展開は起こりません．一方，ダブルクォートでエスケープすると，変数参照やコマンド展開は有効になります．次のスクリプト (./test.sh) を実行すると，その違いがよくわかります．

```
1  #/bin/sh
2  DIR='pwd'   ← カレントディレクトリをシェル変数 DIR に格納
3  echo 'Current dicrectory is $DIR'
4  echo "Current dicrectory is $DIR"
```

```
$ ./test.sh
Current dicrectory is $DIR   ← シェル変数が展開されない
Current dicrectory is /home/taro   ← シェル変数が展開される
```

もちろん，これらエスケープのための文字も特殊文字なので，それらの文字自身をコマンドの引数として使用するときにはエスケープを行う必要があります．

8.3.6 | 制御構文

シェルスクリプトでは，コマンドを単に並べて実行するだけではなく，繰り返しや条件による分岐などの制御を記述できます．これにより複雑な処理を実現できます．

for 文を用いると，特定の条件が満たされるまで，コマンドを繰り返し実行することができます．

```
for 変数 in 変数の集合
do
    コマンド
done
```

これは，変数に変数の集合の値を順番にセットして，コマンドを繰り返し実行することを意味しています．たとえば，拡張子が .txt のファイルのリストを出力するシェルスクリプトは，次のようになります．

```
1  #!/bin/sh
2  for f in *.txt
3  do
4    echo $f
5  done
```

また，if 文で条件分岐もできます．

```
if 条件式
then
   コマンド 1
else
   コマンド 2
fi
```

条件式が満たされるときは，then と else の間のコマンド 1 が実行され，満たされないときは，else と fi の間のコマンド 2 が実行されます．
while 文では，ある条件が満たされている間は処理を繰り返します．

```
while 条件式
do
   コマンド
done
```

条件式が満たされている間は，do と done の間のコマンドが繰り返し実行されます．
case 文では，いくつかの条件を並べ，合致する条件に対する処理のみ実行します．

```
case 値 in
   パターン 1) コマンド ;;
   パターン 2) コマンド ;;
   …
esac
```

値とパターン 1，パターン 2,... の値を比較し，合致したパターンに対応するコマンドを実行します．コマンドは複数行になってもかまいません．ただし，コマンドの最後は ';;' で終わらなければなりません．

8.3.7 | test 条件判定

前項で説明した制御構文の条件判定では，test コマンドがよく使われます．これ

は，ある条件を設定し，正しいか否かによって真（成功，0の値）か偽（失敗，0以外の値）を返します．とくに，ファイルの形式や存在をチェックしたり，文字列のマッチングチェックをするときに使います．

たとえば，ファイルが存在して読むことができるか否かで条件分岐するには，

```
1  #/bin/sh
2  if test -r ファイル名
3  then
4    コマンド 1
5  else
6    コマンド 2
7  fi
```

となります．また，簡単に角括弧 '[ ]' を使って，次のように記述することもできます．

```
1  #/bin/sh
2  if [ -r ファイル名 ]
3  then
4    コマンド 1
5  else
6    コマンド 2
7  fi
```

test の詳しいオプションについては，'man test' を参照してください．

シェルスクリプトには，ここで説明した以外にも，いろいろな機能が用意されています．シェルスクリプトを使うと，複雑な処理を効率的に実行することができます．ただし，スクリプトを書くには UNIX のコマンドの理解も必要です．日頃から，CUI のコマンドラインでいろいろなコマンドを使い，慣れるようにしましょう．

実 習

8-3 コマンドライン引数に 2 つの数値を与えたとき，大きいほうの数値を出力するシェルスクリプトを作成してみよう．

8-4 同じフォルダ内にある，拡張子が .htm のすべてのファイルについて，拡張子を .html に変換するシェルスクリプトを作成してみよう．

9

環境設定

　UNIX系OSでは，その動作や振る舞いを，一定の範囲内や条件下で変更することができます．つまり，自分の使いやすいものにチューニングができます．ここでは，その方法を紹介します．

9.1　シェル環境の設定

　システム全体の環境設定用ファイルは，'/etc' 以下のディレクトリに置かれています．これらの設定ファイルは，一般ユーザは変更できません．

　一方，シェルの**環境設定ファイル**など，ユーザ個々の環境を設定するための環境設定ファイルもあります．各ユーザは，自分用の環境設定ファイルを自由に変更できます．また，シェル環境の設定ファイルにあらかじめ設定事項を記述しておくと，シェルが起動した時点で，自動的にそのとおりに設定されます．

　各ユーザの環境設定ファイルの保存場所は，それぞれホームディレクトリ~/ になっています．また，環境設定ファイルのファイル名の最初の文字は '.' になっています．'.' から始まるので，ドットファイルとよばれます．ドットファイルは，オプションで明示しない限り，一覧表示する ls コマンドでは表示されません．そのため，環境設定用ファイルを一覧表示するには，2.1.3項で紹介したように，ls に -a オプションを付けなければなりません．

```
ls -a  /
```

9.1.1 ┃ シェルの環境設定ファイル

　ログイン時やシェルの起動時には，環境設定用ファイルが読み込まれ，記述されたコマンドラインが実行されます．そのため，シェルコマンドの動作を制御するシェル

変数・環境変数の設定や，既存のコマンドに別の名前を付ける**別名定義（エイリアス）**を設定ファイルに記述しておくと，操作性が向上します．

環境設定用ファイルは，シェルによってファイル名が異なりますが，ここでは bash と tcsh の場合をとりあげることにします．

bash と tcsh の 2 つのシェルの環境設定ファイルを，**表 9.1** に示します．

表 9.1　シェル環境設定ファイル

該当項目	bash	tcsh
システム全体（ログイン時）	/etc/profile	/etc/csh.login
システム全体（シェル起動時）	/etc/bashrc	/etc/csh.cshrc
ユーザ個別　（ログイン時）	~/.bash_profile ~/.bash_login ~/.profile	~/.login
ユーザ個別（シェル起動時）	~/.bashrc	~/.tcshrc ~/.cshrc
ユーザ個別（ログアウト時）	~/.bashrc_logout	~/.logout

`~/.bashrc` と `~/.tcshrc` の内容は，シェルが起動されるたびに実行されますが，`~/.bash_profile` と `/.login` の内容は，ログイン時に 1 回だけ実行されます．そのため，記述するファイルを選択したうえで，2 つのファイルには異なる内容を記述します．

たとえば，シェル変数やエイリアスは `~/.bashrc` や `~/.tcshrc`，端末への操作を指示する端末設定は `~/.bash_profile` や `/.login` にそれぞれ記述します．ちなみに，環境変数はどちらのファイルに記述してもかまいません．

環境設定ファイルは複数存在しますが，読み込む順序が決まっています．

bash では，ログイン時に `/etc/profile` が読み込まれます．その後，ユーザ個別の設定ファイル `~/.bash_profile`，`~/.bash_login`，`~/.profile` の順に検索され，最初に見つかったファイル 1 つだけが読み込まれます．

多くの `/.bash_profile` では，その最後に `~/.bashrc` が存在していれば，それを読み込むように記述されています．そのため，`~/.bashrc` は `/.bash_profile` のあとに読み込まれます．最後に，`/etc/bashrc` が読み込まれます．

ログイン後にも，bash コマンドを入力すると，ファイル `~/.bashrc` 以降の環境設定ファイルが読み込まれます．

一方，tcsh では，ログイン時に，`/etc/csh.login` が読み込まれます．その後，ユーザ個別の `~/.login` が読み込まれます．

次に，`/etc/csh.cshrc`，`~/.tcshrc` の順に読み込まれます．`~/.tcshrc` が存在し

ない場合には，~/.cshrc が読み込まれます．

　ログイン後にも，tcsh コマンドを入力すると，ファイル /etc/csh.cshrc 以降の環境設定ファイルが読み込まれます．

　~/.bashrc_logout と ~/.logout は，いずれもログアウト時に読み込まれます．ログアウト時に表示したいメッセージや，不要なログの削除などを記述するといった使い方ができます．

9.1.2 シェル変数と環境変数

　シェル変数や**環境変数**の値を変更することで，利用環境の振る舞いを変えることができます．

　シェル変数はシェルの動作を指示するために使われ，シェルが固有にもつ変数です．一方で，環境変数は UNIX を管理するために使われる変数です．シェル変数はシェル内部からしか参照できませんが，環境変数は子プロセスにも渡されるため，シェルから起動されるコマンドからも参照できます．

　現在設定されているシェル変数や環境変数の値（内容）を確認するには，echo コマンドに続き，その引数として変数名を記述します．

シェル変数・環境変数の確認 (bash)

```
$ echo $SHELL  ← シェル変数
/bin/bash
$ echo $HOME  ← 環境変数
/home/student
```

bash と同じく，tcsh でも echo で確認できます．

シェル変数・環境変数の確認 (tcsh)

```
$ echo $shell  ← シェル変数
/bin/tcsh
$ echo $HOME  ← 環境変数
/home/student
```

　なお，変数名は，bash ではシェル変数と環境変数を区別せずに基本的にすべて大文字で記述しますが，tcsh ではシェル変数を小文字，環境変数を大文字でそれぞれ記述するのが慣例となっています．

　すべての変数を一覧表示するには，env と set コマンドを使います．bash では env で環境変数，set でシェル変数と環境変数が表示されます．一方，tcsh では env で環境変数，set でシェル変数がそれぞれ表示されます．env の代わりに printenv コマンドを使用しても，環境変数の一覧を表示できます．

以降で，シェル変数と環境変数の設定方法をシェルごとに説明します．まず，bash でのシェル変数の設定を説明しましょう．

8.3.2 項でふれたように，bash では，シェル変数を '変数名=値' と記述して設定できます．なお，記号 '=' の左右にスペースを入れてはならず，また，値にスペースを含む場合には，' または " で囲む必要があります．

設定したシェル変数を解除するには，unset コマンドを用いて，'unset 変数名' と記述して値を解除します．

シェル変数の設定・解除 (bash)

```
$ TMP="temporary variable"   ← 値がスペースを含むため"で囲む
$ echo $TMP
temporary variable   ← TMP の内容表示
$ unset TMP
```

環境変数については，export コマンドを用いて 'export 変数名=値' と記述して設定できます．

また，シェル変数と同じく，unset を用いて，'unset 変数名' と記述して値を解除します．

環境変数の設定・解除 (bash)

```
$ export TMP="temporary variable"
$ unset TMP
```

次に，tcsh でのシェル変数の設定を説明しましょう．

tcsh では，シェル変数を set を用いて 'set 変数名=値' と記述して設定できます．なお，前述したとおり，tcsh のシェル変数名は小文字が一般的です．

シェル変数の設定・解除 (tcsh)

```
$ set tmp="temporary variable"
$ echo $tmp
temporary variable
$ unset tmp
```

環境変数については，setenv を用いて 'setenv 変数名 値' と記述して設定できます．また，unsetenv を用いて，'unsetenv 変数名' と記述して値を解除できます．

環境変数の設定・解除 (tcsh)

```
$ setenv TMP "temporary variable"
$ unsetenv TMP
```

なお，~/.bashrc や ~/.tcshrc に書かれているシェル変数や環境変数の設定を変

更した場合，それが有効になるのは次回のログイン時からです．すぐに変更を反映したいときには，source コマンドを次のように実行することで，ファイル /.bashrc や ~/.tcshrc を読み込んで，それぞれに記述した内容を反映できます．

初期設定ファイルの即時反映（bash の場合）
```
$ source ~/.bashrc
```

初期設定ファイルの即時反映（tcsh の場合）
```
$ source ~/.tcshrc
```

9.1.3 | シェル変数・環境変数の変更

シェルの種類を問わず，特別な意味をもつシェル変数や環境変数が数多く用意されています．ここでは，代表的なシェル変数や環境変数の設定法を紹介します．

なお，以下において '大文字/小文字' で書かれた変数名は，'/' の左側に書かれた '大文字' が bash 向け，'/' の右側に書かれた '小文字' が tcsh 向けの変数名を意味しています．

▪ PATH/path

シェル変数 PATH/path で，シェルがコマンドの実体ファイルを探すディレクトリを指定することができます．

コマンドの多くは，そのコマンドに対応する実行型ファイル（プログラム）が，ディレクトリ構造のどこかに保存されています．シェルは，絶対パスや，相対パスでその保存場所が明示された場合には，その指定に従って，実行型ファイル（プログラム）を実行します．しかし，その保存場所が示されなかった場合には，シェルは，変数 PATH/path で示されたディレクトリを順に探索し，該当するコマンドを見つけられたら，その実行ファイル（プログラム）を実行します．

コマンドの探索場所であるディレクトリを指定している PATH/path を，コマンド検索パスともよびます．このコマンド検索パスで指定されたディレクトリ内にあるコマンドは，その場所を明示的に指定しなくても，シェルが探索してくれるので，コマンド名を入力するだけで実行することができます．

コマンド検索パスの初期値は，bash の場合は/etc/profile，tcsh の場合は/etc/csh.login で設定されます．

コマンド検索パス PATH/path にパスを追加するには，'PATH="現在のパス:追加するパス"' と入力します．以下のように，現在のパス ($PATH/$path) の最後に記号 ':' を付けて，追加したいパスを書き込みます．

コマンド検索パスの確認と追加 (bash)

```
$ echo $PATH
/usr/local/bin:/usr/local/sbin:/usrbin:/usr/sbin:/bin:/sbin
$ PATH="$PATH:/usr/local/bin"
$ echo $PATH
/usr/local/bin:/usr/local/sbin:/usrbin:/usr/sbin:/bin:/sbin:
/usr/local/bin
```

コマンド検索パスの確認と追加 (tcsh)

```
$ echo $path
/usr/local/bin:/usr/local/sbin:/usrbin:/usr/sbin:/bin:/sbin:
$ path="$path:/usr/local/bin"
$ echo $path
/usr/local/bin:/usr/local/sbin:/usrbin:/usr/sbin:/bin:/sbin:
/usr/local/bin
```

このようにすると，現在の探索場所である$PATH/$path に，新しいパスを追加することができます．

■ PS1/prompt

シェル変数 PS1/prompt を変更することで，シェルがユーザからのコマンドを待機しているときに表示されるプロンプトを，自由に変更できます．

プロンプトには，固有の文字だけではなく，ユーザ名やカレントディレクトリ名，OS 名なども指定できます．シェル変数 PS1/prompt に対して特殊文字をセットすることで，これらの指定ができます．プロンプトに利用できる**特殊文字**のうちよく使われるものを，**表 9.2** に示します．

シェル変数 PS1/prompt の変更の例を，以下に示します．

表 9.2　主な特殊文字

bash	tcsh	プロンプトに表示される内容
\w	%/, %~	現在のディレクトリ (%~はホームディレクトリを ~ で表示)
\W	%C, %c	現在のディレクトリのベース名 (%c はホームディレクトリを ~ で表示)
\!	%h, %!	現在のコマンドのヒストリ番号
\u	%n	現在のユーザ名
\H	%M	ホスト名
\h	%m	最初の「.」までのホスト名

プロンプトの確認と変更 (bash)

```
[student@centos] $ echo $PS1
%%[\W@\h] \$   ← 現在のプロンプト
[student@centos] $ PS1="bash> "   ← プロンプトの変更コマンド
```

```
bash> PS1="[\W] \$"
[student] $
```

コマンド検索パスの確認と追加 (tcsh)

```
[student@centos] $ echo $prompt
%%[%C@%m] %#
set prompt="$tcsh> "  ← プロンプトの変更コマンド
tcsh> set prompt="[% n] %/ \$"
[student] /home/student $
```

- LANG

環境変数 LANG により，表示する言語や日付の書式を指定できます．

多国語対応の環境では，言語や国，地域などを特定するための識別子であるロケールがインストール時に設定され，このロケールを基準として言語が切り替えられます．

echo コマンドで LANG を確認してみましょう．

LANG の確認

```
$ echo $LANG
ja_JP.UTF-8
```

ja_JP.UTF-8 と表示されて，日本語の文字コード UTF-8 が採用されていることが確認できました．

LANG にセットできるロケールは，コマンド locale -a を用いて確認できます．

利用可能なロケールの確認

```
$ locale -a
C
POSIX
aa_DJ
～途中は省略～
ja_JP
ja_JP.eucjp
ja_JP.ujis
ja_JP.utf8
japanese
japanese.euc  ← 以降は省略
```

実 習

9-1 echo コマンドを用いてシェル変数 $SHELL または $shell を表示して，現在使用しているシェルを確認してみよう．

9-2 echo コマンドを用いてシェル変数 $PS1 または $prompt を表示して，現在使用しているプロンプトの表示形式を確認してみよう．

9-3 プロンプトを，自分の気に入ったものに変更してみよう．

9.2　文字コード

コンピュータの内部では，文字は 0 と 1 の順列によって表現されています．この文字と，それを表す 0 と 1 の順列との対応関係を，**文字コード**とよびます．そして，この対応関係を定めた規約を「文字コード体系」とよびます．

英語やドイツ語は文字の種類数が比較的少ないため，数字や記号類を含めても，8 個の 0 と 1 の順列である 8 ビット，つまり 1 バイト（256 種類）以内で表現できます．

英語の文字コードとして広く知られている ASCII（American Standard Code for Information Interchange の略称で，ISO/IEC646 国際基準版と同等）は，7 ビットで文字を表現しています．

ASCII のように，1 バイト以内で表現される文字やコード体系を，1 バイト文字や 1 バイトコードと総称します．

一方で，日本語や中国語などは文字の種類数が多いため，256 通りしか区別できない 8 ビットでは，とても扱えません．そのため，1 つの文字を表すのに，16 ビット（2 バイト），あるいはそれ以上の長さで表す必要があります．たとえば，16 ビットあれば，最大 65,536 通りの区別が可能となります．

このように，2 バイト以上の長さで表現される文字やコード体系を，**マルチバイト文字**や**マルチバイトコード**と総称します．

歴史的には，文字コードは各国が独自に制定していました．しかし，国際間での情報の交換が行われると，同じ 0 と 1 の順列が，異なる文字を表すのは好ましくなく，世界中で共通の文字コードを使うことが求められるようになりました．

このような流れのなかで，世界共通の文字コードとして Unicode が策定されました．Unicode は多言語を扱うことができる国際文字コードを実現するため，当初は 16 ビット（2 バイト）の固定幅で 1 文字を表現していました．しかし，世界中の文字を 65,536 種類で収めるのは不可能であることから，その後拡張され，8 ビット単位・16 ビット単位・32 ビット単位といったさまざまな符号化方式が規格化されています．

文字コード **UTF-8** は，文字コード ASCII と互換性をもった可変長の文字コードです．可変長というのは，文字の種別により，ビット長が異なるという意味です．ASCII コードの中に含まれる文字は，UTF-8 においても，8 ビット（1 バイト）で表現され，0 と 1 の順列はまったく同じとなっています．一方，日本語の漢字は，24 ビット（3 バイト），または 32 ビット（4 バイト）で表現されています．

JIS コードとよばれ，広く知られている文字コードは，正式には 'JIS X 0208' という名称の，日本工業規格で定められた日本語の文字コードです．また，似たような名

称のコードに，**Shift_JIS** とよばれる文字コードがあります．こちらも日本工業規格の
コードの1つで，JIS X 0201 が正式名称となっています．Shift_JIS は，1980 年代に
民間企業等によって作られ，その後広く使われるようになり，日本工業規格に取り入
れられました．JIS コードも，Shift_JIS コードも，1文字を2バイトで表すことから，
ともに2バイトコードともよばれています．

　ほかにも，日本語を扱うことができるコードとして，よく使われるものに 'EUC-JP'
があります．単に，**EUC** ともよばれています．EUC は Extended Unix Code の略称
であり，UNIX で多言語を取り扱うことを目的に開発されたことから，UNIX 系 OS
でよく使われている文字コードです．

> **実　習** **9-4** nkf コマンドで -g オプションを使って，自分で作ったファイルの文字コー
> ドを確認してみよう．

9.3 文字コードの変換

　ある文字コードから，ほかの文字コードに変換するためのコマンドとして，nkf と
iconv が広く知られています．nkf の名前は，Network Kanji Filter に由来します．
この由来からわかるように，nkf は，日本語の文字コードの変換に特化したコマンド
として広く使われています．

9.3.1 | nkf

　nkf の書式は，以下のとおりです．あるファイルの文字コードを変換したい場合，
'変換元ファイル' を指定します．

```
nkf [オプション] [変換元ファイル]
```

　nkf のオプションを，表 9.3 に示します．
　nkf コマンドで，'変換元ファイル' を指定しなかった場合には，標準入力からの文
字列を受け取って変換します．
　また，nkf の実行結果は，標準出力に送られます．そのため，変換後の結果をファ
イルとして保存するためには，リダイレクトと組み合わせる必要があります．

表 9.3　nkf のオプション

文字コード		内　容
変換元ファイル	変換後ファイル	
-J	-j	文字コード JIS
-E	-e	文字コード EUC-JP
-S	-s	文字コード Shift_JIS
-W	-w	文字コード UTF-8

改行コード	内　容
-Lu	改行コードを LF (UNIX) に変更
-Lw	改行コードを CR+LF (Windows) に変更
-Lm	改行コードを CR (Mac) に変更

その他	内　容
-g, --guess	使用されている文字コードと改行コードを表示
--overwrite	変換元ファイルを変換して上書き

nkf　[オプション]　変換元ファイル　>　変換後ファイル

　以下の例は，文字コード UTF-8 で記述されたファイル test の文字コードとその内容の確認をしたあとに，JIS コード（別名 ISO-2022-JP）に変換したものを test1 に，EUC コードに変換したものを test2 に，Shift_JIS コードに変換したものを test3 に保存し，その後，それぞれのファイルの文字コードを確認しています．

文字コードの変換

```
$ nkf -g test
UTF-8
$ cat test
日本語のコードを変換しよう
$ nkf -j test > test1
$ nkf -e test > test2
$ nkf -s test > test3
$ nkf -g test1
ISO-2022-JP
$ nkf -g test2
EUC-JP
$ nkf -g test3
Shift_JIS
```

9.3.2 | iconv

　nkf と同様のコマンドとして，iconv があります．iconv は，UNIX 系 OS に標準で用意されています．基本的な書式は，以下のとおりです．

```
iconv -f 変換元の文字コード -t 変換後の文字コード 変換元ファイル
```

上記の書式で iconv を実行すると，その実行結果は，標準出力に出力されます．

変換後の結果をファイルに保存したい場合には，リダイレクトを利用するか，-o オプションを利用します．

リダイレクトを利用した場合の書式は，以下のとおりです．

```
iconv -f 変換元の文字コード -t 変換後の文字コード 変換元ファイル >
変換後ファイル
```

また，'-o' オプションを使用して，以下のように実行することもできます．

```
iconv -f 変換元の文字コード -t 変換後の文字コード -o 変換後ファイル
変換元ファイル
```

なお，iconv で指定可能な文字コードは，'iconv --list' で表示することができます．また，ファイルの文字コードは，コマンド file で確認できます．

iconv で指定可能な文字コード
```
$ iconv --list
437, 500, 500V1,  ← 以降，適宜省略
EUC-CN, EUC-JP-MS, EUC-JP,
SHIFT-JIS, SHIFT_JIS,
UTF-8, UTF-16,
```

ファイルの文字コードの確認と変換
```
$ file sample.txt
sample.txt:  EUC-JP
$ iconv -f EUC-JP -t UTF-8 sample.txt > sample1.txt
$ file sample1.txt
sample.txt:  UTF-8  ← 文字コードが変換された
```

10

ネットワークとサービス

UNIX は歴史的にも，ネットワークにつながれた環境での利用の点で優れていることが，その特徴になっています．本章では，UNIX を活用するために必要となる，URL や IP アドレスなどのネットワーク利用の基礎的な事項についてとりあげます．

また，ネットワークファイルシステムなど，ネットワーク環境で利用できる便利な機能についても紹介します．

10.1 URL と IP アドレス

10.1.1 URL

今日では，PC のみならず，スマートフォンやタブレット端末からインターネットを介して，Web ページや動画などの多様なコンテンツを容易に閲覧できるようになりました．ネットワーク上に存在するコンテンツなどのリソースに対してアクセスする方法と，その位置などの特定を行うための表記方法として，**Uniform Resource Locator** (URL) が用いられます．URL は，ネットワーク上のリソースのアクセス方法と，位置を識別する情報といえます．

URL の構文は，以下の形式に従います．

> （スキーム名）：（スキームごとに定められた表現形式）

スキームとは，ネットワーク内のリソースにアクセスするための手段を表しています．

代表的なスキームには，Web アクセスに使用する **HyperText Transfer Protocol** (HTTP) に対応する 'http'，Secure Socket Layer/Transport Layer Security (SSL/TLS) で暗号化した Web アクセスに使用する **HTTP Secure** (HTTPS) に対応する 'https'，ファイル送受信に使用する **File Transfer Protocol** (FTP) に対応する 'ftp' などが挙げられます．これらのように，ネットワーク上での通信時の規約や手段（プロ

トコルとよびます）にちなんだ名称となっているものもありますが，必ずしもそうとは限りません．たとえば，電子メールの宛先を表すためのスキーム 'mailto' は，プロトコルにちなんだ名称ではありません．

スキームとして http を使用する場合を例に，URL の構文を見ることにしましょう．http の URL の構文は，一般的に次のとおりとなります．

```
http:// <ホスト>:<ポート番号> / <パス>?<クエリ>
```

以下は，http の記述例です．

```
http://www.example.com:80/jikken2/index.html
```

<ホスト> は，参照したいコンテンツが存在するホストを識別するために記述し，IP アドレス，または FQDN (Fully Qualified Domain Name) で指定されます．上述の例では，FQDN で表現された 'www.example.com' がこれにあたります．IP アドレスと FQDN については，次節以降でとりあげます．

<ポート番号> は，ホスト側で用意した通信の窓口を識別するための役割を果たします．ポート番号は，16 ビットの 2 進数で記述される 0～65535 番までの値を使うことができますが，0～1023 番までの 1,024 個については，ウェルノウンポート (well-known port) 番号とよばれており，インターネットでよく使われるプロトコルに対して，慣例的に予約された番号が決まっています[†1]．HTTP では，80 番がウェルノウンポート番号として予約されています．ウェルノウンポート番号で通信をする場合には，URL での表記で省略することができ，上記の例は，':80' を省略することもできます．

<パス> は，ホストにおけるリソースの場所を特定します．上述の例では，'/jikken2/index.html' がこれにあたります．

<クエリ> は，リソースの使用目的のために利用されます．たとえば，検索用のパラメータや，ユーザによって入力されたデータが記述されます．上記の例では，クエリの記述はありません．

10.1.2 | IP アドレス

IP アドレスの IP は，**Internet Protocol** を意味しています．つまり，IP は，イン

[†1] 通信分野では，「予約」という言葉は，日常的な会話で使われる「事前に」という意味よりも，「排他的に」あるいは「占有的に」という意味が強くなります．

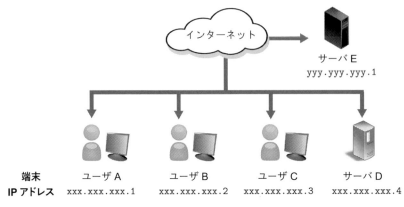

図 10.1　IP アドレスの概念図

ターネットのためのプロトコルそのものであるといっても過言ではありません．そして，IP アドレスは，インターネットにおいて，ネットワークにつながれた機器の，ネットワークとの接続点を識別するためのアドレスです（**図 10.1**）．

　IP には，今日まで長年にわたり広く使われている **IPv4** (Internet Protocol Version 4) と，**IPv6** (Internet Protocol Version 6) があります．IPv6 は，IPv4 で割り振ることができるアドレス数を上回る数の機器がインターネットに接続される事態がやってくるという「アドレス枯渇問題」を解消するとして広まりつつあります．

　IPv6 は，アドレス枯渇問題への対策としての意味以外にも，IPv4 にはない機能を備えており，今後の普及が期待されています．しかし，現在ではまだ IPv4 のほうが主流であり，しばらくの間は IPv4 のほうが広く使われるであろうと予想されることから，ここでは IPv4 をとりあげることにします．

　前述のとおり，**IP アドレス**とは，ネットワークに接続された機器のネットワーク内での住所を表したものといえます．IPv4 では，IP アドレスは 32 ビットで表現され，たとえば，'11000000101010000000101100001010' といった表記となります．ただ，0 または 1 が 32 個並んだ数字列では，人間はなかなか憶えることができませんし，2 つのアドレスが書かれているときに，一目で同じであるか，あるいは異なるかを判断するのは容易ではありません．そこで，ピリオド (.) で 8 ビットずつ 4 組に分割し，さらに，分けられた 2 進数 8 ビットを 10 進数で表現することが一般的です．先の例では，8 ビットずつに分けると，'11000000.10101000.00001011.00001010' となり，さらに，2 進数 8 ビットを 10 進数で表すと，'192.168.11.10' となります．

10.1.3 │ FQDN (Fully Qualified Domain Name)

　前述のとおり，インターネット接続された機器には，その識別のために IP アドレスが割り当てられています．これらの機器と通信するためには，その機器のネットワークの接続点に割り当てられた IP アドレスを指定する必要があります．しかし，IP アドレスは，数字の羅列であるために，それを見ても，その機器がどこにあるのかといったことがわかりません．また，数字自体に特別な意味はないので，憶えることも容易ではありません．

　そこで，IP アドレスに代わり，ネットワークとの接続点を識別するための命名法として，FQDN (Fully Qualified Domain Name) が用意されています．

　たとえていうと，「北緯 33 度 50 分 56.4 秒，東経 132 度 46 分 12.2 秒」といっても，それがどこかわかる人は少ないですが，「日本国愛媛県松山市文京町」と書かれると，知識の量による違いはあるものの，自分の持ち合わせている知識と照合することで，東アジアの中であるとか，四国の西のほうであるとか，愛媛県の中でもどのあたりなのか，といったことがわかるのと似ています．

　FQDN の表記は，'www.example.co.jp.' のように，ドットで区切られた文字列から構成されており，ネットワークや接続される機器の管理や所有，所在地などを反映した階層的な構造を反映できる表記ルールになっています．FQDN の表記は，文字列の最後のほうに行くほど，階層構造の上位層にあたります．また，この階層的な構造のことを，**ドメインツリー**といいます．

　日本に住んでいると，住所の表記は「日本国愛媛県松山市文京町」のように，階層の上位である「日本国」から始まり，「愛媛県」，「松山市」，「文京町」と包含される下位層が続く表記に慣れていると思いますが，米国では，'1600 Pennsylvania Avenue, Washington DC, USA' のように，下位から順に，より広い範囲を記述していきます．FQDN も，この米国における住居表示と同様に，詳細なほうから記述していき，後方に行くほど，それまでに記述された対象を含む，より上位の層に移っていきます．

　'www.example.co.jp.' の中には 4 つの '.' が含まれていますが，最後にある '.' は，ほかの '.' とは異なる意味をもっています．'.' は「ルート」とよばれており，階層的な命名の始まりを表しています．それに対して，途中で出現している残り 3 つの '.' は，文字列の区切りを表しており，また，'.' の前の部分が，'.' のあとの部分に含まれていることを表しています．ファイルシステムにおいて，'/home/home/kob' の先頭の '/' がルートディレクトリを表し，それ以外の '/' が，ディレクトリやファイルの包含関係を表していたのと似ています．

　'www.example.co.jp.' を後方から見ていくと，'jp'，'co'，'example'，'www' に分けることができます．これらは順に「トップレベルドメイン」，「第 2 レベルドメイン」，

「第3レベルドメイン」，「第4レベルドメイン」とよばれます．一番左に書かれるドメインを「ホスト」とよぶこともあります．これは，FQDN が，WWW や FTP などの何らかのサービスを提供するサーバを指定する目的で使われることが多く，サーバの別のよび方である「ホスト」にちなんでいます．また，下位層のレベルは 4 レベルに限定されるわけではありません．必要に応じて，レベルの深さは変わります．なお，ルート (.) はすべての表記で共通することから，多くの場合 'www.example.co.jp' のように，省略表記されます．

FQDN とドメインツリーとの対応の例を，**図 10.2** に示します．

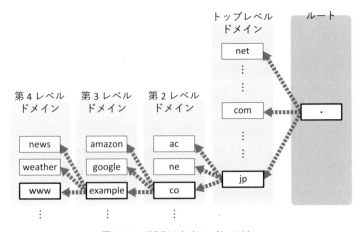

図 10.2　FQDN とドメインツリー

10.1.4 DNS

サーバ（ホスト）の FQDN 表記と IP アドレスとの変換を行うサービスを，DNS (Domain Name Service) といいます．

DNS は，IP アドレスの管理組織単位に設けられた複数の**ドメインネームサーバ** (DNS サーバともよばれる) が相互に協調することで，FQDN と IP アドレスの管理を行っています．ここでは，その仕組みは説明しませんが，分散処理の一種です．

FQDN 表記から IP アドレスを求める処理は，Web ブラウザなどで利用されていますが，多くの場合，そのことに注意を払われることなく利用されています．

一方，コンピュータの管理や，ネットワークの接続状態の確認をする際には，FQDN 表記で示されたサーバの IP アドレスを知る必要が生じたり，また，ネットワークを介して，そのサーバに到達可能であるかを知りたくなったりすることがあります．

FQDN から IP アドレスを知りたいときは，`dig` コマンド，あるいは `nslookup` コ

マンドで確認することができます．

> dig ドメイン名

> nslookup ドメイン名

たとえば，ドメイン名 'www.google.co.jp' の IP アドレスを知りたいときには，dig を用いて以下の例のように入力することで，172.217.161.227 であることがわかります．

www.google.co.jp の IP アドレス（dig を使用）

```
$ dig www.google.co.jp

; <<>> DiG 9.10.6 <<>> www.google.co.jp
;; global options: +cmd
;; Got answer:
;; ->>HEADER<<- opcode: QUERY, status: NOERROR, id: 2039
;; flags: qr rd ra; QUERY: 1, ANSWER: 1, AUTHORITY: 0, ADDITION
AL: 1

;; OPT PSEUDOSECTION:
; EDNS: version: 0, flags:; udp: 512
;; QUESTION SECTION:
;www.google.co.jp. IN A

;; ANSWER SECTION:
www.google.co.jp. 297 IN A 172.217.161.227  ← IP アドレス

;; Query time: 44 msec
;; SERVER: 240b:253:5680:6600:5a52:8aff:fe2b:f334#53(240b:253:5
680:6600:5a52:8aff:fe2b:f334)
;; WHEN: Thu Aug 30 22:58:34 JST 2018
;; MSG SIZE  rcvd: 61
```

また，nslookup でも，'www.google.co.jp' の IP アドレスを確認できます．

www.google.co.jp の IP アドレス（nslookup を使用）

```
$ nslookup www.google.co.jp
Server:         240b:253:5680:6600:5a52:8aff:fe2b:f334
Address:        240b:253:5680:6600:5a52:8aff:fe2b:f334#53

Non-authoritative answer:
Name:   www.google.co.jp
Address: 172.217.161.227  ← IP アドレス
```

得られた IP アドレスを用いて，Web サイトを公開するサーバに，自身の端末から

の通信が到達できているかを確認したいときは，`ping` コマンドを使用します．

このとき，到達できている場合は，`ping` コマンド入力後に，端末への到達までに要した時間が表示されます．

> `ping [IP アドレス] または [FQDN]`

`ping` の実行例を以下に示します．なお，`ping` コマンドは，指定先に対して，到達の確認を反復して行い続けます．そのため，終了させたいときには，Ctrl-c を入力して中止する必要があります．

ping による到達確認

```
$ ping www.google.co.jp
PING www.google.co.jp (172.217.161.195): 56 data bytes
64 bytes from 172.217.161.195: icmp_seq=0 ttl=56 time=10.557 ms
64 bytes from 172.217.161.195: icmp_seq=1 ttl=56 time=15.466 ms
64 bytes from 172.217.161.195: icmp_seq=2 ttl=56 time=9.616 ms
Ctrl-c  ← Ctrl+c で中止
--- www.google.co.jp ping statistics ---
3 packets transmitted, 3 packets received, 0.0% packet loss
round-trip min/avg/max/stddev = 9.616/11.880/15.466/2.565 ms
```

実　習

10-1 ネットワークにつながった各コンピュータには IP アドレスが割り当てられ，また，その IP アドレス中には，ネットワーク部とホスト部を分けるサブネットマスクがある．現在使用している端末に割り当てられた IP アドレスとサブネットマスクを調べ，ネットワーク部とホスト部を明らかにしよう．また，異なる端末の IP アドレスとサブネットマスクについても調べ，ネットワーク部とホスト部がどのように設定されているか確認してみよう．

10-2 通常，各コンピュータには，自身の IP アドレスに加え，ネットワークの出入り口であるデフォルトゲートウェイの IP アドレスが設定されている．端末に設定されているデフォルトゲートウェイの IP アドレスを変更してみよう．このとき，どのコンピュータと通信できるかを確認して，デフォルトゲートウェイの役割について考えてみよう．

10-3 日々利用している URL に含まれるドメイン名について，対応する IP アドレスを調べよう．たとえば，`www.cs.ehime-u.ac.jp` の IP アドレスはいくつだろうか．

10-4 10-3 で得られた IP アドレスがドメイン名と対応していることを確認しよう．たとえば，`nslookup` コマンドを使用して IP アドレスからドメイン名を取得するためには，どのようにコマンドを入力すればよいか調べよう．

10.2　TCP/IP プロトコルスタック

　ネットワークを介して端末同士が通信するとき，各端末は階層化された通信機能を利用します．このとき，各層で共通のプロトコルを使用することで，端末間でやりとりするデータを正しく解釈することができます．

　インターネットの各層で利用するプロトコルのまとまり[1] を，Transmission Control Protocol/Internet Protocol (TCP/IP) プロトコルスタックとよびます．図 10.3 に示すように，TCP/IP プロトコルスタックは 4 つの階層から構成されます．アプリケーション層では，利用するアプリケーション固有の規約に従ってデータを取り扱います．トランスポート層では，各端末で通信を担当するプログラム間でのデータ転送を管理します．インターネット層では，複数のネットワークにまたがったデータ転送を管理します．ネットワークインタフェース層では，単一ネットワーク内でのデータ転送を管理します．

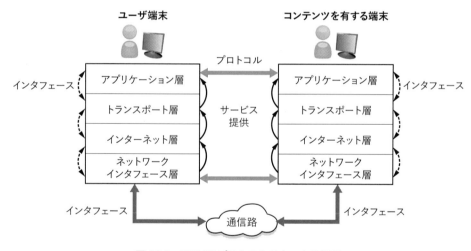

図 10.3　TCP/IP プロトコルスタックの概要

　各層では，異なる機能を実現するためのプロトコルが用意されています．たとえば，アプリケーション層のプロトコルの例として，ネットワーク上の別端末への遠隔接続を

---

†1　プロトコルスイートともいいます．

実現する Secure Shell (SSH)，メール送信を実現する Simple Mail Transfer Protocol (SMTP), FTP, DNS, HTTP などが挙げられます．また，トランスポート層のプロトコルの例としては，TCP と User Datagram Protocol (UDP) が挙げられます．

　TCP は送信したデータが接続先端末のプログラムに正しく届くことを重視したプロトコルであり，遅延制約がゆるいアプリケーションに対して有効です．

　一方で，UDP は，接続先端末へのデータ伝送に要する時間の削減に焦点を当てたプロトコルであり，動画配信サービスなどのアプリケーションに対して有効です．

▪ ポート番号

　端末間で通信を担当するプログラムを特定するために，各プログラムには，ポート番号とトランスポート層のプロトコルがあらかじめ設定されています．ポート番号のうち，0〜1023 番まではウェルノウンポートで，頻繁に利用されるポート番号が含まれています．

　通常，各プログラムのポート番号とトランスポート層のプロトコルは，プログラムが使用するアプリケーション層のプロトコルに応じて決定されます．代表的なアプリケーション層のプロトコルに対応するポート番号を，**表 10.1** に示します．

表 10.1　代表的なアプリケーションとそのポート番号

プロトコル名	ポート番号	プロトコル名	ポート番号
FTP	TCP 20	SSH	TCP 22
SMTP	TCP 25	DNS	UDP 53
HTTP	TCP 80	HTTPS	TCP 443

　現在端末上で動作している各プログラムが，どのポート番号とトランスポート層のプロトコルを用いて通信しているか確認したいときは，`netstat -p` コマンドで確認することができます．また，オプションとして `-t` を追加して ‘`netstat -tp`’ とすれば，TCP を使用したプログラムで使用されているポート番号に，`-u` を追加して ‘`netstat -up`’ とすれば，UDP を使用したプログラムで使用されているポート番号に絞って確認することができます．

　また，接続先端末がどのポート番号，トランスポート層プロトコルを使って通信可能であるか確認したいときは，`nmap` コマンドを利用します．

```
nmap  [ドメイン名] または [IP アドレス]
```

実 習 | **10-5** `netstat` コマンドを使用して，どのアプリケーションがどのポート番号を使用して通信しているか確認しよう．また，使用されているポート番号から，どの通信プロトコルが使用されているか考えてみよう．

10-6 たとえば，SSH などのウェルノウンポート番号を利用するアプリケーションにおいて，使用するポート番号を意図的に変更する場合がしばしばある．これはなぜか考えてみよう．また，ウェルノウンポート番号をそのままアプリケーションに利用するとき，起こりうる問題点について考察してみよう．

10.3 アカウント管理

10.3.1 | ディレクトリサービス

私たちがネットワーク内のある情報にアクセスしたいとき，その情報に効率的に到達するためのサービスを，**ディレクトリサービス**とよびます．

ディレクトリサービスにおける「ディレクトリ」とは，「住所氏名録」や「人名簿」のような，管理リストといった概念です．

たとえば，私たちがブラウザを介して Web ページにアクセスしたいとき，Web ページを公開しているコンピュータの IP アドレスがわからないのであれば，それを調べるための仕組みが必要となります．

このような要望に応えたサービスがディレクトリサービスです．すなわち，DNS もディレクトリサービスの一種であるといえます．

代表的なディレクトリサービスに，NIS と LDAP があります．

Network Information Service (NIS) は，ネットワークに接続しているコンピュータ同士でユーザのアカウント情報や，グループ情報，ソフトウェアの設定情報などを共有するディレクトリサービスで，1980 年代に，Sun Microsystems 社によって開発されました．NIS を用いることによって，NIS ドメインともよばれる共通のネットワークに接続された複数のコンピュータに（クライアントとよびます），それぞれのユーザが共通のアカウント情報を用いてログインすることが可能になります．

かつては，ディレクトリサービスとして，NIS はデファクトスタンダードの地位を占めていましたが，今日では，LDAP にその地位を奪われています．NIS が UNIX/Linux システムにおけるユーザ情報の集約を目的としているため，Windows などのほかのシステムとの連携が容易ではないこと，また，開発元である Sun Microsystems 社（現 Oracle 社）が NIS のサポートを終了し，LDAP の使用を推奨していることも，LDAP

が主流となっている理由として挙げられます．本書では，このような状況の変化から，NIS については，詳細に触れないこととします．

10.3.2 | LDAP

NIS に代わり，今日，ユーザのアカウント情報や各種設定情報を管理するディレクトリサービスとしてよく利用されるのが，Lightweight Directory Access Protocol (LDAP) です．

LDAP 開発の目標の 1 つとして，さまざまなアプリケーションとの連携を容易にすることが挙げられ，Web サーバ，メールサーバ，FTP サーバ，ファイルサーバなど，多くのアプリケーションが LDAP をサポートしています．

図 10.4 は，クライアントが他サービスを利用する際の，LDAP を用いたユーザ認証の様子です．

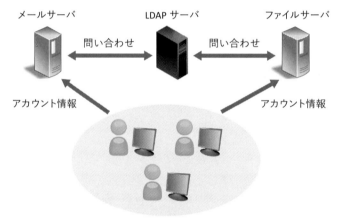

図 10.4 LDAP サーバによるユーザ認証の例

各 LDAP クライアントは，メールサーバやファイルサーバに対して自身のアカウント情報（ユーザ ID やパスワード）を入力してコンテンツの閲覧を要求します．各サーバは入力されたアカウント情報を用いて LDAP サーバに問い合わせを行い，ユーザ認証を行ったあと，コンテンツを LDAP クライアントに対して提供します．

▪ データ構造

LDAP では，**エントリ**という単位で対象となるオブジェクトを管理します．

それぞれのエントリの中には，名前，郵便番号，電話番号など，さまざまな属性を登録することができます．

エントリは，**図 10.5** のように，階層構造で管理されています．これを**ディレクトリインフォメーションツリー** (DIT) とよびます．DIT 内のエントリは，各階層を連結した **Distinguish Name** (DN) で識別します．

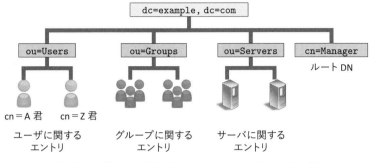

図 10.5　ディレクトリインフォメーションツリーの一例

たとえば，図 10.5 における A 君に対する DN は，以下のようになります．

```
DN: cn=A 君, ou=Users, dc=example, dc=com
```

dc には，使用しているドメイン名を分解したものが割り当てられます．たとえば上の例では，ドメイン名として 'example.com' を使用していることが予測できます．

ou と cn は，それぞれどの組織に属しているか，組織内のどの個人あるいは端末であるかを識別するために使用されます．

また，LDAP を用いて新たに構築したディレクトリサービスを管理するために，通常，管理者用のデータを格納するための DN として，ルート DN を用意します．ルート DN は通常，DIT の最上位に 'cn=Manager' というエントリを作成して得られる DN 'cn=Manager, dc=example, dc=com' となります．

▪ パスワードの変更

LDAP サーバに登録された各エントリのパスワードを LDAP クライアントから変更したいときには，ターミナル上に ldappasswd コマンドを入力します．

```
ldappasswd ［オプション］ ［DN］
```

たとえば，'DN: cn=ldapuser, ou=Users, dc=example, dc=com' に対するパスワードを変更したいときは，次の例のようにコマンドを入力します．

あるエントリのパスワード変更

```
$ ldappasswd -x -W -S -D "cn=ldapuser,ou=Users,dc=example,dc=com"
New password: 新しいパスワード
Re-enter new password: 新しいパスワード
Enter LDAP Password: 元のパスワード
```

　ここで，`ldappasswd` の `-x` オプションは，パスワード変更時に認証を行うことを示します．`-W` および `-S` オプションは，それぞれ元のパスワード，新たなパスワードの入力を促すメッセージ（上述の 'New password:' および 'Enter LDAP Password:'）をプロンプト上に出力します．

　また，`-D` オプションを使って，どの DN に対するパスワードを変更するか指定することができます．パスワード変更後は，変更後のパスワードを使って端末にログインできるか確認しましょう．

▪ エントリの参照

　LDAP サーバ上に登録されたエントリの情報を閲覧したいときは，`ldapsearch` コマンドを使用します．

```
ldapsearch [オプション] [フィルタ]
```

　たとえば，'DN: ou=Users, dc=example, dc=com' 以下にあるエントリ cn= ldapuser を検索したいときは，次のようにコマンドを入力します．

cn=ldapuser の検索

```
$ ldapsearch -x -D "cn=ldapuser,ou=Users,dc=example,dc=com"
-W -b "ou=Users,dc=example,dc=com" "cn=ldapuser"
Enter LDAP Password: DN のパスワード
# ldapuser, Users, example.com
dn: cn=ldapuser,ou=Users,dc=example,dc=com
objectClass: inetOrgPerson
objectClass: posixAccount
cn: ldapuser
uid: ldapuser
uidNumber: 10001
gidNumber: 10001
homeDirectory: /home/ldapuser
...
```

　ここで，`-b "DN"` オプションは，どの DN に含まれるエントリを検索したいか決定します．続けて"cn=ldapuser"と特定のエントリを指定する（フィルタを設定する）ことで，該当するエントリの情報を閲覧することができます．

　エントリ情報に含まれる 'objectClass' とは，エントリに対して最低限登録しなけ

ればならない項目を定義しています．objectClass に応じて，どのような項目を登録する必要があるかは，'/etc/openldap/schema/nis.schema' に記載されています[†1]．目を通してみましょう．

実 習 | **10-7** LDAP サーバに接続された複数の異なるコンピュータから，同じアカウントを使用してログインできるか確認しよう．
10-8 LDAP サーバに接続されたあるコンピュータから自身のパスワードを変更してみよう．また，パスワード変更後，同一のサーバに接続された異なるコンピュータから，変更後のパスワードを用いてログインできるか確認しよう．
10-9 LDAP を用いたディレクトリサービスにおいて，`ldapsearch` コマンドを用いて，自身以外のエントリ情報を閲覧してみよう．たとえば，近くの人のエントリがどのように登録されているか，一緒に確認しよう．

10.4 ネットワークファイルシステム

　ファイルを保存する仕組みであるファイルシステムは，元々は，コンピュータごとに用意されるものでした．今日でも，個別にもっているファイルシステムのみを使用するコンピュータも多くあります．しかし，このようなコンピュータだと，同じ部屋に置かれている別のコンピュータで編集作業を続けたくても，対象となるファイルをUSB メモリにコピーして移すなどの作業が必要となります．このような不便を解消するために考え出されたのが，**ネットワークファイルシステム**です．ネットワークファイルシステムは，**分散ファイルシステム**ともよばれます．ネットワークファイルシステムを用いると，複数のコンピュータで，同じファイルやディレクトリをもつことができます．したがって，あるコンピュータで編集したファイルを保存すると，ほかのコンピュータで更新されたファイルを開くことができ，続きの作業を行えます．

　ネットワークファイルシステムには，研究室やオフィスなど，同一の組織での利用に適したものと，インターネットのように広域ネットワークでの利用にも対応したものがあります．前者のネットワークファイルシステムとして有名なものに，**NFS (Network File System)** があります．後者のネットワークファイルシステムとしては Dropbox などがあり，クラウド型ファイル共有サービスともよばれています．

---

†1　LDAP のバージョンとして，OpenLDAP 2.4 を使用している場合です．

10.4.1 ｜ NFS

　NFS は，Unix 系 OS で利用されているネットワークファイルシステムです．NFS を利用すると，別のコンピュータ（ファイルサーバ等）に保存されているファイルを，あたかもいま使用しているコンピュータに保存されているかのように扱うことができます．

　使用しているコンピュータで NFS を利用しているかどうかを調べるには，`mount` コマンドを実行します．1画面に収まりきらないほど多数の行が出力される場合は，ファイルにリダイレクトするか，`less` コマンドにパイプするなどして確認してください．以下のように 'type nfs' を含む行があれば，NFS を利用しています．

```
$ mount
nfs.saisho-u.ac.jp:/home1 on /home type nfs (rw,nfsvers=...
```

　上の例では，'nfs.saisho-u.ac.jp' というホスト名のコンピュータ（ファイルサーバ）にある /home1 ディレクトリに対して，使用しているコンピュータの /home ディレクトリからアクセスできるようになっています．たとえば，使用しているコンピュータの /home ディレクトリにあるファイルの内容を更新すると，即座にファイルサーバ nfs.saisho-u.ac.jp の /home1 ディレクトリにある当該ファイルに更新が反映されます．

10.4.2 ｜ クラウド型ファイル共有サービス

　Dropbox などのクラウド型ファイル共有サービスを利用することにより，個人が所有する PC やスマートフォン等の端末の間で，ファイルを共有することができます．たとえば，デスクトップ PC で作成した文書ファイルを，ノート PC で開いて修正を行ったり，スマートフォンでその文書ファイルを閲覧したりすることができます．

　また，他人とファイルを共有することもできます．ある人が，他人と共有しているフォルダ中にあるファイルを編集して保存すると，他人の端末中にあるファイルにも，その変更が反映されます．共有フォルダに対するファイルのコピーや削除などの操作も，リアルタイムに反映されます．

　利用するクラウド型ファイル共有サービスによって対応 OS は異なりますが，Dropbox の場合は，Windows や macOS に加えて，Linux にも対応しています．

　また，ソフトウェアのインストールを行うことなく，Web ブラウザから Dropbox を利用することもできます．Web ブラウザからの利用は，出張先や旅行先で，自分のもっているコンピュータ以外からでも，ファイルを見たり，コピーをとってきたりすることができます．しかし，使用後にブラウザを終了して接続を切り，また，ブラウ

ザにパスワードの記憶などをさせないようにしておかなければ，他人がファイルにアクセスできることになるので，注意しましょう．

　クラウド型ファイル共有サービスを利用するには，まずアカウントを作成する必要があります．その後，必要に応じてソフトウェアのインストールを行います．利用方法の詳細については，利用するクラウド型ファイル共有サービスの公式サイト等を参照してください．

実　習

10-10	Dropbox のアカウントをもっていない場合は作成して，必要に応じてソフトウェアのインストールも行い，所有する PC やスマートフォン等の端末の間で，ファイルを共有することができることを確認してみよう．
10-11	Dropbox でほかの人とフォルダを共有し，共有フォルダに対する操作（ファイルの編集・コピー・削除等）が，ほかの人の端末にも反映されることを確認しよう．

11

システム管理

　ソフトウェアをインストールしたり，すべてのユーザに影響する共通項目の設定の変更を行ったりするためには，システム管理者としてコンピュータを操作する必要があります．

　本章では，システム管理者として操作する方法について紹介します．

11.1　root

　root とは，コンピュータの管理者としての権限をもつ特別なユーザであり，コンピュータの再起動やシャットダウン，ユーザアカウントの管理，パッケージ（ソフトウェア）のインストールやアップデート，設定ファイルの変更などを行うことができます．root ユーザのみがもつ権限を，root 権限といいます．root ユーザは，あらゆる操作を行うことができるため，操作を誤るとシステムが破壊されて，正常に動作しなくなることもあります．そのため，普段は一般ユーザとして操作を行い，必要なときだけ root 権限を持って操作を行うようにします．

　一般ユーザでログインしたあと，root 権限が必要なコマンドを実行するには，2つの方法があります．1つは su コマンドで root ユーザに切り替える方法，もう1つは一般ユーザのまま sudo コマンドを用いて管理者権限で実行する方法です．

▪ su

　su コマンドで root ユーザに切り替えるには，ターミナルで以下のコマンドを実行します．

```
su
```

　このコマンドを実行するとパスワード入力を求められるので，root パスワードを入力すれば，root ユーザに切り替えることができます．root パスワードを知っていれば，

誰でも root 権限が必要なコマンドを実行できてしまうため，root パスワードの管理は厳重に行わなければなりません．root ユーザに切り替えると，プロンプトが'$' から'#' に変わり，任意の管理用コマンドを実行することができるようになります．一般ユーザに戻るときは，以下の exit コマンドを実行します．

```
exit
```

▪ sudo

　一般ユーザのまま管理者権限で実行するには，sudo コマンドを用いて以下のように入力します．

```
sudo　実行するコマンド
```

　実行時にパスワード入力を求められた場合は，現在ログインしている一般ユーザのパスワードを入力してください．この方法では，root パスワードを求められることはありません．ただし，事前に sudo の利用をシステムの管理者（root ユーザ）から許可されている必要があります．また，管理者から許可されたコマンド以外は実行できません．

　システム管理者の立場から見ると，root パスワードを知らせることなく，必要最低限の管理用コマンドの実行権限を特定のユーザに与えることができるため，root パスワードを知らせる方法に比べて，セキュリティを向上させることができます．

▪ sudo　コマンド利用の許可設定

　sudo の利用を一般ユーザに許可するには，root 権限で，以下の visudo コマンドを実行します．

```
visudo
```

　実行すると，sudo コマンドに関する設定ファイルの編集画面に切り替わります[†1]．

　たとえば，設定ファイルの最後に以下のように追記すると，ユーザ saisho には任意のコマンドの実行を許可し，ユーザ ippo には shutdown コマンドと useradd コマンドのみ実行を許可することができます．

---

†1　vi (Vim) で設定ファイルが開かれます．vi の使い方については，4.1 節を参照してください．

```
1  saisho ALL=(ALL) ALL
2  ippo ALL=(ALL) /usr/sbin/shutdown, /usr/sbin/useradd
```

■ シャットダウン

シャットダウンするときには，以下のように，su コマンドで管理者（root ユーザ）に切り替えたあと，shutdown コマンドを実行します（root ユーザに関しては，第 11 章でくわしく解説します）．

シャットダウン

```
$ su
パスワード：    パスワード  ← ここで root のパスワードを入力．画面上に文字は表示されない
# shutdown
```

なお，Windows や macOS の使用を停止する場合にはたいていシャットダウンしますが，UNIX 系の OS は，サーバとして活用され，安定性が高いという特徴もあるので，シャットダウンせずに運用し続けることがあります．また，仮想環境を利用して Windows や macOS をホスト OS，UNIX 系をゲスト OS として利用している場合は，ホスト OS をシャットダウンする前に，UNIX のシャットダウンをしなければならないので注意してください．

実 習

11-1 su コマンドで root ユーザに切り替えて，いますぐ再起動を行うコマンドである 'shutdown -r now' を試してみよう．

11-2 まず，root 権限で，適当な一般ユーザに shutdown コマンドの実行を許可してみよう．次に，その一般ユーザで 'sudo shutdown -r now' を試してみよう．また，その一般ユーザでほかの管理用コマンドを実行しようとした場合や，ほかのユーザで shutdown コマンドを実行しようとした場合には，sudo コマンドの使用ができないことを確認しよう．

11.2 ユーザ管理

ユーザの管理（ユーザの作成・削除など）を行うには，表 11.1 のコマンドを使います．これらのコマンドを使用するには，root 権限が必要です[†1]．

useradd コマンドでユーザを作成することができますが，通常は，ホームディレク

---

†1 passwd コマンドは一般ユーザでも実行可能ですが，ユーザの管理に使われることも多いため，この表に含めています．

表 11.1　ユーザの管理に関するコマンド

コマンド	機　能
`useradd -m ユーザ名`	ユーザを作成（-m は，ホームディレクトリの作成を行うオプション）
`useradd -g グループ名 -m ユーザ名`	所属グループを指定してユーザを作成
`userdel -r ユーザ名`	ユーザを削除（-r は，ホームディレクトリの削除を行うオプション）
`passwd ユーザ名`	指定したユーザ（省略した場合は，ログイン中のユーザ）のパスワードを変更
`groupadd グループ名`	グループを作成
`groupdel グループ名`	グループを削除
`usermod -g グループ名 ユーザ名`	ユーザが所属するグループを変更

トリの作成を行うために，'useradd -m ユーザ名'のように，-m オプションを付けて実行します．ホームディレクトリとは，ユーザごとに用意されるディレクトリのことで，各ユーザが自由に使うことができます．ユーザがログインした直後は，そのユーザのホームディレクトリがカレントディレクトリとなっています[†1]．ホームディレクトリの場所は OS により異なりますが，ほとんどの Linux ディストリビューションでは /home/ユーザ名 となります．以下では，ホームディレクトリの場所を /home/ユーザ名 として説明します．

3.1.1 項で示したとおり，Unix 系システムにはグループという概念があり，各ユーザはグループに所属します．ファイルやディレクトリには所属グループが設定されており，そのグループに属するユーザに対するアクセス権を設定することができます．以下に，ユーザの管理に関するコマンドの使用例を示します．

ユーザの管理に関するコマンドの使用例

```
# useradd -m ippo   ← ユーザを作成
# passwd ippo   ← パスワードを変更
Changing password for user ippo.
New password:
Retype new password:
passwd: all authentication tokens updated successfully.
# ls -l /home   ← ホームディレクトリの一覧を表示
total 0
drwx------. 2 ippo    ippo 62 May 31 16:30 ippo
drwx------. 2 saisho saisho 90 May 26 20:44 saisho
# groupadd student   ← グループを作成
# usermod -g student ippo   ← ユーザが所属するグループを変更
# ls -l /home   ← ホームディレクトリの一覧を表示
total 0
drwx------. 2 ippo    student 62 May 31 16:30 ippo
```

---

†1　ホームディレクトリが作成されていないユーザは，ログインすることができません．

```
drwx------. 2 saisho saisho 90 May 26 20:44 saisho
```

　この例では，ls コマンドを -l オプション付きで実行することにより，ホームディレクトリの所有者や所属グループを確認しています．所属グループを指定せずにユーザを作成した場合は，ユーザ名と同じ名前のグループが自動的に作成され，作成されたユーザはそのグループに所属します．usermod コマンドにより，ユーザが所属するグループを変更すると，そのユーザのホームディレクトリの所属グループも自動的に変更されます．

　なお，'su - ユーザ名' で，ユーザを切り替えることができます．作成したユーザでログインできるかどうかを確認する際に，活用してください．

実 習

11-3　グループ group1 および group2 を作成しよう．

11-4　ユーザ user1 を作成してから，usermod コマンドで，user1 の所属グループを 11-3 で作成した group1 に設定しよう．

11-5　useradd コマンドのみを用いて，11-3 で作成したグループ group2 に所属する 2 つのユーザアカウント user2-1 および user2-2 を作成しよう．

11-6　'su - user2-2' コマンドで，11-4 で作成したユーザ user2-2 に切り替えてから，適当な内容のテキストファイル test.txt を（ホームディレクトリに）作成し，所有者は読み書き可能，グループは読み込みのみ可能，そのほかのユーザはアクセス不可となるようにパーミッションを設定してみよう（3.1.1 項参照）．

11-7　11-4 で作成したユーザ user2-2 のホームディレクトリ /home/user2-2 に対して，所有者は読み込み・書き込み・実行可能，グループは読み込み・実行可能，そのほかのユーザはアクセス不可となるようにパーミッションを設定してみよう．

11-8　'su - ユーザ名' でユーザを切り替えながら，/home/user2-2/test.txt に対して，user2-2（所有者）からは読み書き可能，user2-1（グループ所属ユーザ）からは読み込みのみ可能，user1（その他のユーザ）からはアクセス不可となっていることを確認しよう．［ヒント：読み込み可能かを調べるには 'cat /home/user2-2/test.txt'，書き込み可能かを調べるには 'echo "hello" >> /home/user2-2/test.txt' を実行するのが 1 つの方法です．権限がない場合は 'Permission denied' というエラーが表示されます．］

11.3 管理用コマンド

UNIX には，管理用のコマンドが用意されています．その中でも，よく使われるコマンド（前節で挙げたものを除く）を，**表 11.2** に示します．これらのコマンドは，管理者が使用できるコマンドで，使用するには root 権限が必要です[†1]．

表 11.2 管理用コマンド

コマンド	機　能
shutdown -r now	いますぐ再起動
shutdown -h now	いますぐシャットダウン
shutdown -h 時刻	指定された時刻（例:'22:30'）にシャットダウン
shutdown -h +秒数	指定された秒数（例:'3600'）の経過後にシャットダウン
yum install パッケージ名	パッケージをインストール
yum update パッケージ名	パッケージをアップデート
yum update	インストールされている全パッケージをアップデート
crontab -e	cron の設定ファイルを編集（本節で説明）
visudo	sudo の設定ファイルを編集（11.1 節参照）

表 11.2 の中から，cron をとりあげて説明します．cron（クロン，クローン，クーロン）とは，定期的にコマンドを自動実行するための仕組みです．以下のコマンドにより，実行するコマンドや時刻などの設定ファイルを編集することができます[†2]．

```
crontab -e
```

設定ファイルの書式は，以下のとおりです．

```
[分] [時] [日] [月] [曜日] [実行するコマンド]
```

曜日としては，0（日曜日）〜6（土曜日）の整数を指定します．日時指定では，','で複数の値を指定したり，'-'で範囲を指定したりすることもできます．値を指定しないところには，'*'と記述します．たとえば，以下のように記述すると，毎日 14:30 に c1430.sh が，日曜日と土曜日の 9〜17 時の毎正時に weekend.sh が実行されます．

---

†1 crontab コマンドは一般ユーザでも実行可能ですが，システム管理に使われることが多いため，この表に含めています．

†2 vi (Vim) で設定ファイルが開かれます．

```
1  30 14   * * *   /root/c1430.sh
2  0  9-17 * * 0,6 /root/weekend.sh
```

実　習   **11-9**   3分後にシャットダウンするコマンドを実行し，実際に3分後にシャッ
　　　　　　トダウンすることを確認しよう．

　　　　　11-10   適当な動作確認用のシェルスクリプト（たとえば，ファイルに現在時刻
　　　　　　　　　を追記するスクリプト）を作成し，月曜日〜金曜日の毎時30分にその
　　　　　　　　　スクリプトが実行されるように cron の設定を行って，動作確認をして
　　　　　　　　　みよう．

付録 A　コマンドリファレンス

bg	ジョブをバックグラウンドに回す　→3.2.3 項
cat	テキストファイルの内容を表示　→2.1 節
cd	カレントディレクトリを変更　→2.1 節
chmod	パーミッションを変更　→3.1.2 項
chsh	ログイン時のシェルを変更　→8.2.2 項
cp	ファイル・ディレクトリをコピー　→2.1 節
$ cp a.txt dir	ファイル a.txt をディレクトリ dir にコピー
$ cp a.txt b.txt	ファイル a.txt の複製を b.txt という名前で作成
crontab	cron に関する設定を行う　→11.3 節
$ crontab -e	cron の設定ファイルを編集
dig	ドメイン名から IP アドレスを取得　→10.1.4 項
dvipdfmx	DVI ファイルを PDF ファイルに変換　→6.8 節
dvips	DVI ファイルを PS ファイルに変換　→6.8 節
echo	メッセージや環境変数・シェル変数を表示 　　　→2.2.3, 9.1.2 項
$ echo $HOME	環境変数 HOME を表示
eclipse	Eclipse を起動　→5.4.1 項
emacs	Emacs を起動　→4.2.2 項
env	環境変数の一覧を表示　→9.1.2 項
exec	使用するシェルを変更　→8.2.2 項
exit	シェルを終了（ログアウト）　→1.4.3 項, 11.1 節
fg	ジョブをフォアグラウンドに回す　→3.2.3 項
file	ファイルの種類を表示　→3.1.7 項
find	条件を満たすファイルを探す　→2.1.1 項
$ find dir -name "a*" -print	ディレクトリ dir 以下にある，名前が a から始まる ファイル・ディレクトリの一覧を表示
gcc	C 言語のソースファイルをコンパイル　→5.1 節
$ gcc -o source source.c	source.c をコンパイルして，実行可能ファイル source を生成
gimp	GIMP を起動　→7.4 節
git	バージョン管理システム Git を使用　→5.3.2 項
$ git init	ローカルリポジトリを作成
$ git add a.html	ファイル a.html をステージに追加
$ git commit -m "message"	ステージにあるファイルをローカルリポジトリに登録
gnuplot	gnuplot を起動　→7.2.1 項
grep	テキストファイル中の文字列を検索 　　　→3.1.5 項, 付録 B

`$ grep apple a.txt`	ファイル a.txt の中で文字列 apple を含む行を表示
`groupadd`	グループを作成　→11.2 節
`groupdel`	グループを削除　→11.2 節
`gv`	PS ファイルを閲覧　→7.1 節
`gzip`	ファイルを圧縮　→3.1.8 項
`head`	テキストファイルの最初を表示　→3.1.3 項
`iconv`	文字コードを変換　→9.3.2 項
`$ iconv -f EUC-JP -t UTF-8` `  a.txt > b.txt`	a.txt の文字コードを EUC-JP から UTF-8 に変換して b.txt に出力
`inkscape`	Inkscape を起動　→7.3 節
`$ inkscape -f a.svg -e a.png`	SVG 形式のファイルを PNG 形式に変換
`jobs`	実行中のジョブのジョブ番号とコマンド名を表示　→3.2.2 項
`kill`	プロセス（ジョブ）を強制終了　→3.2.3 項
`ldappasswd`	LDAP サーバに登録されているパスワードを変更　→10.3.2 項
`ldapsearch`	LDAP サーバに登録されている情報を表示　→10.3.2 項
`less`	テキストファイルの内容を 1 画面ごとに表示　→2.1.9 項
`lpq`	印刷ジョブを確認　→2.3 節
`lpr`	テキストファイルの内容を印刷　→2.3 節
`lprm`	印刷ジョブを削除　→2.3 節
`ls`	ファイルの一覧を表示　→2.1 節
`$ ls -a`	隠しファイルを含めた全ファイルを表示
`$ ls -l`	ファイルの詳細情報を表示
`make`	依存関係に基づいてソフトウェアを作成　→5.2 節
`man`	コマンドのマニュアルを表示　→2.1.11 項
`mkdir`	ディレクトリを作成　→2.1 節
`more`	テキストファイルの内容を 1 画面ごとに表示　→2.1.9 項
`mount`	マウント済みのファイルシステムを一覧表示　→10.4.1 項
`mv`	ファイル・ディレクトリを移動　→2.1 節
`$ mv a.txt dir`	ファイル a.txt をディレクトリ dir に移動
`$ mv a.txt b.txt`	ファイル a.txt の名前を b.txt に変更
`netstat`	通信状況を調べる　→10.2 節
`$ netstat -p`	各プロセスで使用されているポート番号とプロトコルを表示
`nkf`	文字コード・改行コードを変換　→9.3.1 項
`$ nkf -e -Lu --overwrite a.txt`	a.txt の文字コードを EUC-JP に，改行コードを LF に変換
`nmap`	接続先端末で使用可能なポートを表示　→10.2 節

nslookup	ドメイン名から IP アドレスを取得	→10.1.4 項
passwd	パスワードを変更	→1.4.4 項，11.2 節
$ passwd	ログイン中のユーザのパスワードを変更	
$ passwd saisho	ユーザ saisho のパスワードを変更	
ping	指定されたホストに到達可能か確認	→10.1.4 項
platex	LaTeX ファイルをコンパイル	→6.8 節
printenv	環境変数の一覧を表示	→9.1.2 項
ps	実行中のプロセス一覧を表示	→3.2.1 項
$ ps aux	実行中の全プロセス一覧を表示	
ptex2pdf	LaTeX ファイルをコンパイルして PDF ファイルを作成	→6.8 節
$ ptex2pdf -l a.tex	LaTeX ファイル a.tex から PDF ファイルを作成	
pwd	カレントディレクトリの絶対パスを表示	→2.1 節
rm	ファイル・ディレクトリを削除	→2.1 節
$ rm a.txt	ファイル a.txt を削除	
$ rm -r dir	ディレクトリ dir を削除	
set	シェル変数の一覧を表示	→9.1.2 項
shutdown	再起動・シャットダウン	→11.1，11.3 節
# shutdown -r now	いますぐ再起動	
# shutdown -h now	いますぐシャットダウン	
# shutdown -h +3600	3600 秒後にシャットダウン	
sort	テキストを行単位で並べ替え	→3.1.6 項
su	ユーザを切り替え	→11.1 節，11.2 節
$ su -	root ユーザ（スーパユーザ）に切り替え	
$ su - saisho	ユーザ saisho に切り替え	
sudo	管理者権限でコマンドを実行	→11.1 節
tail	テキストファイルの最後を表示	→3.1.3 項
tar	複数ファイルを連結（アーカイブ）	→3.1.8 項
$ tar zcf dir.tar.gz dir	ディレクトリ dir を gzip で圧縮	
$ tar zxf dir.tar.gz	gzip で圧縮されたアーカイブファイル dir.tar.gz を解凍	
uniq	連続する同一行を最初の 1 行だけ出力	→3.1.6 項
useradd	ユーザを作成	→11.2 節
# useradd -m saisho	ユーザ saisho を作成（ホームディレクトリも作成）	
# useradd -g student -m saisho	グループ student に所属するユーザ saisho を作成	
userdel	ユーザを削除	→11.2 節
# userdel -r saisho	ユーザ saisho を削除（ホームディレクトリも削除）	
usermod	ユーザの情報を変更	→11.2 節
# usermod -g student saisho	ユーザ saisho の所属グループを student に変更	
vi	Vim を起動	→4.1.1 項
visudo	sudo コマンド利用の許可設定を行う	→11.1 節
wc	テキストファイルの行数・ワード数を表示	→3.1.4 項

yum	ソフトウェアパッケージに関する操作を行う
	→11.3節
# yum install httpd	パッケージ httpd をインストール
# yum update httpd	パッケージ httpd をアップデート
# yum update	インストールされている全パッケージをアップデート

付録 B　正規表現

　2.1 節，8.2 節などで紹介したワイルドカードでは，不特定の文字とのマッチングを行い，検索をすることができましたが，より細かく条件を設けながら特定のパターンを指定する方法として，**正規表現**があります.

　たとえば，以下のようにメールアドレスが並べられたテキストファイル `email.txt` があるとします.

```
1  ippo@saisho-u.ac.jp
2  b937273x@cs.saisho-u.ac.jp
3  unix.jp@abcdxyz.com
```

　この中から，saisho という文字列を含む行を抽出するには，以下のように grep コマンドを実行します.

saisho を含む行の抽出

```
$ grep "saisho" email.txt
ippo@saisho-u.ac.jp
b937273x@cs.saisho-u.ac.jp
```

　次に，末尾が 'jp' である行を抽出したいとします. 以下のように，単純に 'jp' を検索するだけでは，'unix.jp@abcdxyz.com' も抽出されてしまいます.

末尾が jp である行の抽出（失敗）

```
$ grep "jp" email.txt
ippo@saisho-u.ac.jp
b937273x@cs.saisho-u.ac.jp
unix.jp@abcdxyz.com
```

　そこで，正規表現を使います. 正規表現では，行末を '$' という文字で表します. 以下のコマンドで，末尾が 'jp' である行だけを抽出することができます.

末尾が jp である行の抽出（成功）

```
$ grep "jp$" email.txt
ippo@saisho-u.ac.jp
b937273x@cs.saisho-u.ac.jp
```

　主な正規表現を，**付表 1** に示します. これらの正規表現は，grep だけでなく，vi (Vim) で検索を行う際にも用いることができます.

　さらに例を示します. アカウント名（'@' より前の部分）がアルファベットのみで構成され

付表 1　主な正規表現

正規表現	意　味
.	改行文字以外の任意の 1 文字
[ ]	[ ] 内の任意の文字（例:[aAbB]）
[-]	ある範囲の任意の文字（例:[a-z]）
[^]	指定された文字以外の文字（例:[^ABO], [^0-9]）
*	直前の文字の 0 回以上の繰り返し
^	行頭
$	行末
\	正規表現に使用する特殊文字を検索に使用する場合に前に付ける（例:*）

ているメールアドレスを抽出するには，以下のようにします．

アカウント名がアルファベットのみで構成されているメールアドレスを抽出

```
$ grep "^[A-Za-z]*@" email.txt
ippo@saisho-u.ac.jp
```

行頭を示す '^' を付けなければ，ほかのメールアドレスも抽出されてしまうので注意してください．

参考文献

[1] 情報処理推進機構, 今、パスワードが危ない！チョコっと プラス パスワード あなたは大丈夫？, https://www.ipa.go.jp/chocotto/pw.html, 2015.

[2] J. Loeliger 著, 吉藤英明, 本間雅洋, 渡邉健太郎, 浜本階生 訳, 実用 Git, オライリー・ジャパン, 2010.

[3] 奥村晴彦, 黒木裕介 著, [改訂第 7 版] LaTeX 2_ε 美文書作成入門, 技術評論社, 2017.

[4] T. Williams and C. Kelley, gnuplot 5.3 An Interactive Plotting Program, 2017.

[5] CentOS Project, https://www.centos.org

[6] Ubuntu Japanese Team, https://www.ubuntulinux.jp

[7] L. Lamb and A. Robbins 著, 福崎俊博 訳, 入門 vi 第 6 版, オライリー・ジャパン, 2002.

[8] D. Cameron, J. Elliott, M. Loy, E. Raymond and Bill Rosenblatt 著, 半田剣一, 宮下尚 監訳, 新井貴之, 鈴木和也 訳, 入門 GNU Emacs 第 3 版, オライリー・ジャパン, 2007.

[9] TeX Wiki, https://texwiki.texjp.org

[10] gnuplot homepage, http://www.gnuplot.info

[11] Inkscape, https://inkscape.org/ja/

[12] GIMP, https://www.gimp.org

さくいん

監 修 者 略 歴

小林　真也（こばやし・しんや）　工学博士
1991 年　大阪大学大学院工学研究科博士後期課程修了
1991 年　金沢大学工学部助手
1997 年　金沢大学大学院自然科学研究科助教授
1999 年　愛媛大学工学部助教授
2004 年　愛媛大学工学部教授
現　在　愛媛大学大学院理工学研究科教授

著 者 略 歴

宇戸　寿幸（うと・としゆき）　博士（工学）
2004 年　慶應義塾大学理工学研究科後期博士課程修了
現　在　愛媛大学大学院理工学研究科准教授

黒田　久泰（くろだ・ひさやす）　博士（理学）
2000 年　東京大学大学院理学系研究科博士課程満期退学
現　在　愛媛大学大学院理工学研究科准教授

遠藤　慶一（えんどう・けいいち）　博士（情報学）
2008 年　京都大学大学院情報学研究科博士後期課程修了
現　在　愛媛大学大学院理工学研究科准教授

藤橋　卓也（ふじはし・たくや）　博士（情報科学）
2016 年　大阪大学大学院情報科学研究科博士後期課程修了
2017 年　愛媛大学大学院理学研究科助教
現　在　大阪大学大学院情報科学研究科助教

編集担当　宮地亮介（森北出版）
編集責任　上村紗帆（森北出版）
組　　版　中央印刷
印　　刷　同
製　　本　ブックアート

はじめての Linux
　　　—これだけは知っておきたい LinuxOS とアプリケーションの基礎知識—
　　　© 小林真也・宇戸寿幸・黒田久泰・遠藤慶一・藤橋卓也　*2020*

2020 年 3 月 31 日　第 1 版第 1 刷発行　　【本書の無断転載を禁ず】
2024 年 8 月 22 日　第 1 版第 3 刷発行

監 修 者　小林真也
著　　者　宇戸寿幸・黒田久泰・遠藤慶一・藤橋卓也
発 行 者　森北博巳
発 行 所　森北出版株式会社
　　　　　東京都千代田区富士見 1-4-11（〒102-0071）
　　　　　電話 03-3265-8341／FAX 03-3264-8709
　　　　　https://www.morikita.co.jp/
　　　　　日本書籍出版協会・自然科学書協会　会員
　　　　　JCOPY ＜（一社）出版者著作権管理機構　委託出版物＞

落丁・乱丁本はお取替えいたします.

Printed in Japan／ISBN 978-4-627-85461-1